Hermann Graml
Hitler und England

Zeitgeschichte im Gespräch
Band 7

Herausgegeben vom
Institut für Zeitgeschichte

Redaktion:
Thomas Schlemmer und Hans Woller

Hitler und England

Ein Essay zur nationalsozialistischen Außenpolitik
1920 bis 1940

Von
Hermann Graml

R. Oldenbourg Verlag München 2010

Bibliografische Information der Deutschen Nationalbibliothek
Die Deutsche Nationalbibliothek verzeichnet diese Publikation in der
Deutschen Nationalbibliografie; detaillierte bibliografische Daten
sind im Internet über <http://dnb.d-nb.de> abrufbar.

© 2010 Oldenbourg Wissenschaftsverlag GmbH, München
Rosenheimer Straße 145, D-81671 München
Internet: oldenbourg.de

Das Werk einschließlich aller Abbildungen ist urheberrechtlich geschützt.
Jede Verwertung außerhalb der Grenzen des Urheberrechtsgesetzes ist
ohne Zustimmung des Verlages unzulässig und strafbar. Dies gilt
insbesondere für Vervielfältigungen, Übersetzungen, Mikroverfilmungen
und die Einspeicherung und Bearbeitung in elektronischen Systemen.

Gedruckt auf säurefreiem, alterungsbeständigem Papier
(chlorfrei gebleicht).

Umschlaggestaltung und Layoutkonzept:
Thomas Rein, München, und Daniel von Johnson, Hamburg
Satz: Dr. Rainer Ostermann, München
Druck und Bindung: Grafik+Druck GmbH, München

ISBN 978-3-486-59145-3

Inhalt

Vorwort 7

I. Wurzeln, Wünsche, Konzeptionen 9

II. Hitlers Werben um England 1933 bis 1936:
erstes deutsch-englisches Mißverständnis 33

III. Rückkehr zur „Achse" Berlin – Rom:
zweites deutsch-englisches Mißverständnis 69

IV. Krieg statt Allianz 105

Abkürzungen 124

Der Autor 124

Vorwort

Auch an den Rändern oft begangener Pfade sind immer wieder Entdeckungen zu machen. Die Literatur zur Außenpolitik des Dritten Reiches füllt mittlerweile gewiß Bibliotheken, und in den Biographien Hitlers, so in Sir Ian Kershaws bedeutendem Werk[1], wird speziell Hitlers Verhältnis zu England große Aufmerksamkeit geschenkt. Vergleicht man die Ergebnisse der Forschung mit den jetzt zur Verfügung stehenden Quellen, vor allem mit den vom Institut für Zeitgeschichte (IfZ) veröffentlichten Äußerungen, die Hitler zwischen 1920 und 1933 zu seinen außenpolitischen Zielen getan hat[2], und den ebenfalls vom IfZ herausgegebenen Tagebüchern von Joseph Goebbels[3], so ergibt sich jedoch als Befund: Sowohl die Ursprünge des Hitlerschen Expansionswillens wie die außenpolitischen Konzeptionen, mit denen er seine Absichten zu verwirklichen hoffte, verdienen durchaus mehr Licht. Namentlich sein Verhältnis zu England und dessen Entwicklung, die ihn vom unbedingten Streben nach einer Allianz über die Geringschätzung Londons bis zum gewollten militärischen Konflikt führte, bedarf eines neuen Blicks – auch auf bereits bekannte Dokumente[4]. Dazu soll der hier vorgelegte

---

[1] Vgl. Ian Kershaw, Hitler, Bd. 1: 1889–1936, Bd. 2: 1936–1945, Stuttgart 1998 und 2000.
[2] Vgl. Hitler. Sämtliche Aufzeichnungen 1905–1924, hrsg. von Eberhard Jäckel zusammen mit Axel Kuhn, Stuttgart 1980, und Hitler. Reden, Schriften, Anordnungen. Februar 1925 bis Januar 1933, hrsg. vom Institut für Zeitgeschichte, 6 Bde. in 15. Teilbdn., München 1992–2003; für diesen Essay vor allem relevant: Hitler. Reden, Schriften, Anordnungen. Februar 1925 bis Januar 1933, Bd. II A: Außenpolitische Standortbestimmung nach der Reichstagswahl Juni/Juli 1928, eingeleitet von Gerhard L. Weinberg, hrsg. und kommentiert von dems., Christian Hartmann und Klaus A. Lankheit, München 1995.
[3] Vgl. Die Tagebücher von Joseph Goebbels. Teil I: Aufzeichnungen 1923–1941, hrsg. von Elke Fröhlich im Auftrag des Instituts für Zeitgeschichte und mit Unterstützung des Staatlichen Archivdienstes Rußlands, 9 Bde. in 14 Teilbdn., München 1998–2006, und Die Tagebücher von Joseph Goebbels. Teil II: Diktate 1941–1945, 15 Bde., hrsg. von Elke Fröhlich im Auftrag des Instituts für Zeitgeschichte und mit Unterstützung des Staatlichen Archivdienstes Rußlands, München 1993–1996; im folgenden zitiert als Goebbels, Tagebücher, unter Angabe von Teil und Band.
[4] Vgl. insbesondere die Editionen zur Außenpolitik des Deutschen Reiches und Großbritanniens: Akten zur deutschen auswärtigen Politik 1918–1945, Serie C: 1933–1937, 6 Bde. in 12 Teilbdn., Göttingen 1971–1981; Akten zur

Essay einen Beitrag leisten. Nicht zuletzt kann genauer als bisher gezeigt werden, daß Hitlers Einstellung zu England in Zu- wie in Abwendung fast gänzlich von seiner rassistischen „Weltanschauung" bestimmt wurde. Im übrigen wird dabei deutlich, daß der „Führer" auch andere Züge seiner Außenpolitik, so die Intervention im Spanischen Bürgerkrieg, auf Grund eines seltsamen Gewirrs aus ideologischen Motiven und machtpolitischen Überlegungen unternahm – und nicht, wie manche Forscher meinen, auf Grund wirtschaftlicher Faktoren oder gar Zwänge. Nebenbei tritt schließlich auch klar zutage, daß Hitler den Entschluß, Österreich und die Tschechoslowakei zu annektieren, nicht erst Ende 1937 oder im Frühjahr 1938 faßte, sondern bereits im März 1937.

Ohne die Förderung durch Prof. Dr. Dr. h.c. mult. Horst Möller hätte der Essay nicht geschrieben werden können; dafür aufrichtigen Dank. Nicht weniger zu danken ist Dr. Hans Woller, dem Chefredakteur der Vierteljahrshefte für Zeitgeschichte, und PD Dr. Thomas Schlemmer, die das Manuskript gnadenlos redigierten und so für eine mehr als erwünschte qualitative Verbesserung sorgten. Für die Engelsgeduld, die Frau Sybille Benker und Frau Anna Thiel aufbrachten, damit überhaupt ein druckreifes Manuskript zustande kam, kann nicht genug gedankt werden.

München, im Juli 2009
Herrmann Graml

---

deutschen auswärtigen Politik 1918–1945, Serie D: 1937–1941, 13 Bde. in 16 Teilbdn., Baden-Baden u.a. 1950–1970 (im folgenden zitiert als ADAP, unter Angabe von Serie und Band); Documents on British Foreign Policy 1919–1939, Second Series, 21 Bde., London 1947–1984; Documents on British Foreign Policy 1919–1939, Third Series, 10 Bde., London 1949–1961 (im folgenden zitiert als DBFP 1919–1939, unter Angabe von Serie und Band).

I. Wurzeln, Wünsche, Konzeptionen

Am 25. und 26. März 1935 empfing Adolf Hitler, seit gut zwei Jahren Kanzler des Deutschen Reiches, den britischen Außenminister Sir John Simon und Lordsiegelbewahrer Anthony Eden zu einem eingehenden Meinungsaustausch. Daß die beiden britischen Politiker überhaupt nach Berlin gekommen waren, gab den deutschen Führern und darüber hinaus ganz Europa ein politisches Signal von großer Bedeutung. Keine zwei Wochen zuvor, am 13. März, hatte nämlich Hermann Göring, der zweite Mann des NS-Regimes und als Luftfahrtminister für alles Fliegerische zuständig, die Weltöffentlichkeit davon in Kenntnis gesetzt, daß das Reich in aller Stille eine starke Luftwaffe ins Leben gerufen habe und diese Luftwaffe weiter ausbauen werde. Damit nicht genug, hatte drei Tage später Hitler selber verkündigt, das nationalsozialistische Deutschland führe die allgemeine Wehrpflicht ein und stelle ein Heer von zunächst 36 Divisionen auf. Beide Akte waren klare Verletzungen des Vertrags von Versailles, und trotzdem hatte die Londoner Regierung den Berlinbesuch ihrer Mitglieder nicht abgesagt, die deutsche Willkürhandlung mithin hingenommen und so zu verstehen gegeben, daß für Großbritannien der Versailler Vertrag nicht mehr existiere. Dies war der sichtbare Beginn jenes britischen Versuchs zur Beschwichtigung und Saturierung Hitlers, der als Appeasement-Politik bekannt geworden, an Hitlers Hybris gescheitert und folglich in West wie Ost in Verruf geraten ist. Kein Wunder, daß sowohl die deutschen wie die britischen Protokolle der Gespräche einen Hitler zeigen, der nicht nur mit beachtlichem Geschick, sondern auch mit Dreistigkeit und Härte argumentierte und taktierte. Er ließ keinen Zweifel: Deutschland habe bereits kräftig gerüstet und werde künftig erst recht rüsten[1].

Eden hätte eine Vertagung des Besuchs lieber gesehen; aber als Juniorminister, der dem inneren Kabinett noch nicht angehörte, hatte er seine Meinung nicht zur Geltung bringen können. Doch begann mit diesem ersten feinen Riß zwischen ihm und den Appeasern eine Entwicklung, die ihn, der im Juni 1935 Minister für An-

---

[1] Vgl. Anthony Eden, The Eden Memoirs, Bd. 1: Facing the Dictators, London 1962, S. 133ff.; ADAP, Serie C, Bd. III/2, Nr. 555; DBFP 1919–1939, Second Series, Bd. XII, Nr. 651.

gelegenheiten des Völkerbunds wurde und der vom Dezember 1935 bis Februar 1938 als Außenminister amtierte, in den Jahren 1938 und 1939 neben Winston Churchill zum führenden Repräsentanten der Opposition gegen die Appeasement-Politik werden ließ. Er hatte Hitler bereits im Februar 1934 kennengelernt und mußte jetzt – wonach ihm die Reise nach Berlin erst recht als verfehlt erschien – eine höchst ungute Veränderung des deutschen Diktators konstatieren. Anfang 1934 glaubte er es mit einem Politiker zu tun zu haben, der zwar emotional sei und nicht ganz bescheidene Ziele habe, der aber zuhören könne, vermutlich zur Vertragstreue fähig und bereit sei, sich an die politischen Usancen der zivilisierten Welt zu halten. Ein Jahr später meinte er einem Manne gegenüberzusitzen, dem immer wieder die Maske des friedfertigen und europäisch denkenden Staatsmanns vom Gesicht rutsche, von dem künftig mithin wohl Übles erwartet werden müsse. Gleichwohl sah Eden, daß Hitler und seine Genossen, sofern ihnen London ihren Willen ließ, durchaus die Freundschaft Englands suchten. Dabei spürte er, daß die Nationalsozialisten England nicht nur deshalb gewinnen wollten, weil ein Erfolg solchen Werbens die Ausweitung ihrer Macht fördern mußte.

„Wir wurden, so nehme ich an, doch als nordisch angesehen, und da war so etwas wie Respekt vor dem britischen Empire [...]. Das mag überraschend klingen, aber es gab eine Ader in dem verdrehten Nazi-Gespinst, die voller Bewunderung für die Beherrschung der Vielen durch die Wenigen war."

Eden fand es bezeichnend, daß sich Hitler über den Film „Bengal Lancers", der die britische Herrschaft in Indien glorifizierte, geradezu enthusiastisch äußerte[2]. Ihm war zu Recht aufgefallen, daß sich Hitlers Vision von der Zukunft Deutschlands keineswegs nur an der internationalen Konstellation in Europa und an den – vermeintlichen oder tatsächlichen – bündnispolitischen Notwendigkeiten eines deutschen Ausgreifens nach Osten orientierte. Sie wurzelte auch – was von der Hitler-Forschung bislang nicht gesehen wurde – in starkem Maße in der „Weltanschauung" des „Führers".

Hitler war durchdrungen vom Glauben an einen äußerst primitiv aufgefaßten Sozialdarwinismus, und er war ebenso durchdrungen von der Überzeugung, daß der naturgesetzliche Streit der Menschen auf dieser Erde nicht zwischen Klassen, wie das im Gefolge von Marx die Sozialisten annahmen, sondern allein zwischen biologisch definierten Rassen ausgetragen werde. Dieser Rassenkonflikt folge

---

[2] Eden, Memoirs, Bd. 1, S. 138.

notwendigerweise einem hierarchischen Prinzip, und die höherwertigen Rassen, vor allem aber die höchstwertige – in seinen Augen die nordische oder germanische oder arische – Rasse habe nicht nur das Recht, sondern sogar die Pflicht, geringerwertige Rassen zu unterwerfen, minderwertige dagegen auszutilgen. Ohne Erbarmen müsse der Kampf gegen die geringstwertige, rein schmarotzerische Rasse geführt werden, gegen die Juden. Hitler hatte nach seiner Meinung Naturgesetze gefunden, gegen die zu verstoßen oder zu sündigen Verderben bringe. So schrieb er:

„[D]ieser Planet zog schon Jahrmillionen durch den Äther ohne Menschen, und er kann einst wieder so dahinziehen, wenn die Menschen vergessen, daß sie ihr höheres Dasein nicht den Ideen einiger verrückter Ideologen, sondern der Erkenntnis und rücksichtslosen Anwendung eherner Naturgesetze verdanken."[3]

Gerade auch seinen Antisemitismus gab er als wissenschaftlich aus. Schon im April 1920 wetterte er gegen „Gefühlsantisemiten" und gegen die Erzeuger von „Pogromstimmung". Es gehe darum, aus kalter Erkenntnis heraus „das Übel an der Wurzel zu packen und mit Stumpf und Stiel auszurotten"[4] – aus der Erkenntnis: „Der Jude ist wohl Rasse, aber nicht Mensch. [...] Der Jude ist das Ebenbild des Teufels. Das Judentum bedeutet Rassetuberkulose der Völker."

Wenn er nun das 19. und beginnende 20. Jahrhundert ins Auge faßte, so sah er die nordisch-germanisch-arische, also die staatsbildende und kulturschöpferische Rasse in vier Staaten am naturgerechten Werk. Erstens in Rußland: Dort habe sich eine germanische Führungsschicht als Herrscherin über politisch und kulturell sterile Slawen etabliert und aus dem Land so etwas wie ein Imperium mit kultureller Entwicklung gemacht. Wenn er nicht nur in „Mein Kampf", sondern etwa schon am 26. Mai 1920 die Ansicht vertrat, die Nachfolger Bismarcks hätten Rußland ins Lager der Feinde Deutschlands getrieben, so sprach er stets von dem noch germanisch beherrschten und geprägten Rußland; das Zarenreich hätte zwischen 1914 und 1918 nicht zu den Gegnern gehören müssen. Jetzt freilich, nachdem der jüdische Bolschewismus die arische Herrenschicht ausgerottet habe, komme ein Zusammenwirken mit Rußland, zu diesem Schluß zwang ihn seine rassistische „Weltanschauung", nicht mehr in Frage[5]. Anfänglich erwog Hitler noch

---

[3] Hitler Adolf, Mein Kampf, München ¹⁷1943, S. 316.
[4] Hitler, Sämtliche Aufzeichnungen 1905–1924, S. 119f.; die folgenden Zitate finden sich ebenda, S. 918 und S. 135.
[5] Vgl. ebenda, S. 168 und S. 505, sowie Hitler, Reden, Schriften, Anordnungen, Bd. II A, S. 104ff.

die Möglichkeit, „das russische Volk aufzurufen", seine jüdischen „Peiniger" abzuschütteln, „um ihm dann nähertreten zu können"[6]; schließlich stand auch er, wie zwischen 1920 und 1926 das Gros der westdeutschen und der süddeutschen NSDAP, unter dem Eindruck des vor allem antiwestliche Emotionen hervorrufenden Vertrags von Versailles. Aber Hitler kam doch schon früh zu der Auffassung, daß die Kampagne von Juden und Bolschewisten gegen den „germanischen Kern" der „oberen leitenden Schichten" Rußlands geradezu ein Glücksfall sei, weil sie das Land in ein nahezu wehrloses Objekt eines deutschen Imperialismus verwandelt habe[7]. Aus dem Schatten von Versailles trat Hitler vorerst nicht ganz heraus, doch nur in dem Sinne, daß Frankreich für ihn der Erzfeind deutscher Einheit und deutscher Macht blieb. Noch im Juli 1923 rief er der SA zu, nach dem inneren Aufstieg „werde die Zeit hereinbrechen, wo der französische Staat ein Schicksal erleiden werde wie noch kein Staat in der Geschichte"[8].

Es ist auf den ersten Blick etwas überraschend, daß der zweite Staat, in dem Hitler arische Herrschaft zu sehen glaubte, die USA waren. Zwar gibt es auch andere Äußerungen, doch häufiger und kräftiger sind Urteile, die schon die wirtschaftlichen Erfolge der Vereinigten Staaten als zwangsläufige Konsequenz der Dominanz einer rassisch hochwertigen Bevölkerung begriffen[9]. Überraschend ist das deshalb, weil sich Hitler so vom Amerika-Bild der großen Mehrheit des deutschen Bürgertums gelöst hatte, in dem die USA als Aufnahmestätte ausgewanderter Verwandter erschienen, die wohl reich, aber auch materialistisch und gänzlich kulturlos – eben Yankees – geworden waren; das politische Gebilde, in dem diese Apostaten Europas lebten, galt als im Innern amorph, weil demokratisch, und nach außen als kraftlos, ebenfalls weil demokratisch. Hitler hingegen traute den Vereinigten Staaten zu, mit dem britischen Empire zu rivalisieren. Es versteht sich, daß er nur die weißen, angelsächsischen und protestantischen – mit deutschem Blut gestärkten – Amerikaner sah und sich in dieser Sicht durch die restriktiven amerikanischen Einwanderungsgesetze der zwanziger Jahre bestätigt meinte. Für die politischen Vorgänge in Europa durfte er jedoch, wie er dachte, die USA vernachlässigen, da sie noch geraume Zeit – von der Konkur-

---

[6] Hitler, Sämtliche Aufzeichnungen 1905–1924, S. 631.
[7] Hitler, Mein Kampf, S. 742f.
[8] Hitler, Sämtliche Aufzeichnungen 1905–1924, S. 951.
[9] Vgl. z.B. Hitler, Mein Kampf, S. 312ff.; Hitler, Reden, Schriften, Anordnungen, Bd. II A, S. 85.

renz mit England abgesehen – vom Ringen mit Japan um die Herrschaft im Pazifik abgelenkt sein mußten[10].

Für den klassischen Staat einer höchstwertigen Rasse, die seit je eine ihren rassischen Eigenschaften gemäße Politik, das heißt einen rassistischen Imperialismus, verfolgt habe, hielt Hitler aber Großbritannien, für das er meist die Bezeichnung England gebrauchte. Anfang der zwanziger Jahre sparte er gewiß nicht mit Kritik an England. So prangerte er am 17. Juni 1920 in einer Versammlung in Rosenheim die von Neid bestimmte, skrupellose Politik des perfiden Albion mit Schärfe an[11]. Auch in ihm steckte noch eine kleine Dosis jener „Gott-strafe-England-Stimmung", die einen Großteil der Deutschen zwischen 1914 und 1918 erfüllt und auch nach Kriegsende noch nicht verlassen hatte. Außerdem zählte Großbritannien zunächst zu den Garanten des Vertrags von Versailles, und da Hitler dieses Vertragswerk bewußt zur Erzeugung nationalistischer Wut benutzte[12], konnte England seinen Beschimpfungen nicht gänzlich entgehen.

In Wahrheit verhielt sich England jedoch genau so, wie sich nach seiner Vorstellung eine germanische und zum rassistischen Imperialismus verpflichtete Nation zu verhalten hatte. Schon seine antienglischen Ausfälle vermochten kaum zu verbergen, daß er die brutalen Machtpolitiker Englands bewunderte, und bereits in der frühesten Aufbauphase der NS-Bewegung traten neben die Angriffe auf das britische Empire zahlreichere und mit Bedacht gestreute Bemerkungen, die seine Hörer oder die Leser seiner Aufsätze im „Völkischen Beobachter" zu Anerkennung und Nachahmung der Engländer erziehen sollten. Einige Jahre später schrieb er: „Seit dem Jahre 1920 habe ich die nationalsozialistische Bewegung mit allen Mitteln und mit aller Beharrlichkeit an den Gedanken eines Bündnisses zwischen Deutschland, Italien und England zu gewöhnen versucht."[13] Dies ist – wie fast alles, was Hitler über seine „Weltanschauung", seine Ziele und seine Absichten sagte, häufig in aller Öffentlichkeit – durchaus ernst zu nehmen. Zum Beispiel fragte er am 17. April 1920 in einer Versammlung, wie denn England zu seinem riesigen Empire gekommen sei, und gab die Antwort: „1. Durch das britische Nationalgefühl [...]; 2. durch Rassenreinheit in den

---

[10] Vgl. Hitler, Sämtliche Aufzeichnungen 1905–1924, S. 773; Hitler, Reden, Schriften, Anordnungen, Bd. II A, S. 133.
[11] Vgl. Hitler, Sämtliche Aufzeichnungen 1905–1924, S. 147.
[12] Vgl. Hitler, Mein Kampf, S. 714.
[13] Hitler, Reden, Schriften, Anordnungen, Bd. II A, S. 142.

Kolonien. Der Engländer hat es immer verstanden, nur Herr und nicht Bruder zu sein. 3. Durch seine außerordentliche Genialität."[14]

Was Hitler zu England zog, war also an erster Stelle die Anerkennung des rassischen Höchstwerts der englischen Nation und die respektvolle Bejahung der brutal rassistischen Außenpolitik Londons. Hier waltete freilich ein grandioses Mißverständnis. Hitler besaß nur eine verschwommene Vorstellung von der Geschichte Großbritanniens und vor allem von der Entstehung des britischen Empire: Da war nur ein bißchen Drake oder Raleigh, das heißt als Politik verstandene Seeräuberei in größtem Stil, und da waren Gestalten wie Lord Robert Clive, der in Indien durch kriegerische Machtpolitik die britische Herrschaft begründet habe, eben die Beherrschung der Vielen durch die Wenigen, so wie im „ersten völkischen" Staat der Geschichte, in Sparta, wo 6000 Spartiaten auf Grund ihres rassischen Hochwertes und als „Ergebnis einer planmäßigen Rasseerhaltung" über „3½ Hunderttausend Heloten" geherrscht hätten[15]. Daß das Empire auf langen und recht gewundenen Wegen Wirklichkeit geworden, daß auch Lord Clives Politik in Indien komplizierten Pfaden und keineswegs immer machtpolitischen Interessen und der militärischen Überlegenheit gefolgt war, lag außerhalb der Kenntnis Hitlers, auch außerhalb seines Wahrnehmungsvermögens. Außerdem war ihm erst recht die britische Verfassungswirklichkeit unbekannt, und auch hier stand neben dem Mangel an Wissen das fehlende Verständnis für die geistigen und politischen Prinzipien, die solche Entwicklung bestimmt hatten. Daß man die britische Geschichte als eine windungsreiche Straße zur parlamentarischen Demokratie sehen kann, wie das etwa Winston Churchill in seiner „History of the English-Speaking Peoples" getan hat, wäre Hitler, wenn er Churchills Bücher gelesen hätte, bestenfalls als typisch englischer „cant" erschienen[16].

Nicht daß Hitler mit seinem Bild von England und den Engländern in Deutschland allein gewesen wäre. Zwar wußten jene Deutschen, die im Weltkrieg an der Westfront gedient hatten, daß die Briten – ob Engländer, Schotten, Waliser und Iren, ob Kanadier, Australier oder Gurkhas aus Indien – hervorragende Soldaten waren, die zumindest in dieser Hinsicht Achtung verdienten; einige

---

[14] Hitler, Sämtliche Aufzeichnungen 1905–1924, S. 122.
[15] Hitler, Reden, Schriften, Anordnungen, Bd. II A, S. 13.
[16] So schrieb er auch: „Wenn [...] England für die Freiheit der Meere oder die der unterdrückten Nationen auftrat, dann [...] nur um üble Konkurrenten [...] zu vernichten." Hitler, Reden, Schriften, Anordnungen, Bd. II A, S. 125.

der deutschen Schriftsteller, die über ihr Kriegserlebnis schrieben, haben das auch klar gesagt[17]. Dennoch dominierte im Bürgertum nach wie vor die Ansicht, daß Albion „perfide" sei und von Gott gestraft werden müsse, während in der Arbeiterschaft Großbritannien simpel als das klassische Land des verabscheuten und zu überwindenden Kapitalismus galt. Von der kraftvollen Rolle, die das Christentum in den angelsächsischen Ländern noch immer spielte, hatten weder Bürger noch Arbeiter eine zulängliche Vorstellung, Hitler ebensowenig. Von der herrschenden Meinung unterschied sich Hitler aber dadurch, daß er gerade diejenigen Eigenschaften der Briten, die man in Deutschland als perfide geißelte, in allem Ernst als ihrem rassischen Hochwert gemäß und als vorbildlich betrachtete. Je sicherer er sich auf der politischen Bühne Münchens bewegte, desto weniger verhehlte er, daß er britische Brutalität, britisches Machtstreben und britisches Rassebewußtsein für nachahmenswert halte. Gelegentlich kann sich der Leser seiner Schriften des Eindrucks kaum erwehren, daß er eigentlich lieber in England als in Deutschland „Führer" geworden wäre.

Doch sei es möglich, die rassistische Machtpolitik der Engländer nicht nur als vorbildlich zu empfinden, sondern tatsächlich nachzuahmen. Als vierte Nation, in der genügend hochwertige rassische Substanz zu finden sei, um eine rassisch fundierte Expansionspolitik zu verfolgen, sah er nämlich die deutsche. Zwar rangierten die Deutschen auf Hitlers Werteskala noch unter den Engländern. Weshalb? Hitler bot eine eindeutige Erklärung: Unser Volk lasse in seiner „blutsmäßigen Zerrissenheit" so sehr die Eigenschaften vermissen, die etwa die Engländer auszeichneten; es habe nicht „jenen Durchschnittlichkeitswert [...] wie z.B. das englische"[18]. Wenn er konstatierte: „Ein Weltreich von der Größe des antiken Roms oder des heutigen Großbritanniens ist stets das Ergebnis einer Vermählung von höchstem Volkswert und klarster politischer Zielsetzung", so zeigt die Wahl der Beispiele, daß er zwischen den Deutschen und den Römern oder Briten einen Abstand im rassischen Rang und folglich in der politischen Kraft annahm. Solche Sätze schrieb er 1928 nieder. Doch schon im Mai 1922 hatte er beklagt, daß die „Rassenzersetzung" der Deutschen bereits vor dreihundert Jahren begonnen habe, und zwar mit „der Verjudung der Höfe"[19]. So lag,

---

[17] Vgl. z.B. Ernst Jünger, In Stahlgewittern, Berlin ⁹1929, S. 46 und S. 139.
[18] Hitler, Reden, Schriften, Anordnungen, Bd. II A, S. 87; das folgende Zitat findet sich ebenda, S. 124.
[19] Hitler, Sämtliche Aufzeichnungen 1905–1924, S. 638; das folgende Zitat findet sich ebenda, S. 422.

als er ein Jahr zuvor eine Politik der Raumgewinnung im Osten beschworen hatte, die Frage nahe: „Ist unser Volk dazu geeignet?"

Solche Zweifel konnten jedoch ausgeräumt werden. Es war eben notwendig und auch möglich, die „Verjudung" nicht nur zu stoppen, sondern rückgängig zu machen, das heißt die minderwertigen Elemente auszuscheiden, den rassisch angekränkelten Volkskörper zu heilen, der arischen Rasse auch in Deutschland zum Sieg zu verhelfen. Sprach Hitler von innerer Kräftigung oder vom inneren Aufstieg[20], so meinte er auch schon in den frühesten Jahren der NS-Bewegung erst in zweiter Linie die Überwindung der parlamentarischen Demokratie, die Ausschaltung des internationalen Sozialismus und die Liquidierung des Vertrags von Versailles. An erster Stelle verstand er darunter die rassische Höherentwicklung der deutschen Nation, die Verringerung oder sogar Aufhebung des rassischen Abstands zu den Engländern. Schon am 10. April 1923 rief er in München den Versammelten zu: „Du mußt so zum Deutschen werden, wie der Engländer zum Engländer geworden ist!" Gelang es, den gesunden Kern des deutschen Volkes von der jüdischen „Rassentuberkulose" zu befreien, die rassische Gleichwertigkeit mit den Engländern wiederherzustellen, dann mußte es möglich sein, den „Neubau des kommenden Deutschlands" zu errichten, „eines Deutschlands nicht auf jüdischer, sondern germanischer Grundlage", das Basis „einer arischen Weltordnung", sein müsse. Immerhin sind hier bereits die Grundzüge jener später so oft ausgesprochenen Vorstellung zu erkennen, die auf die Teilung der Welt zwischen Großbritannien und Deutschland hinauslief: deutsche Herrschaft auf dem europäischen Kontinent, britische Herrschaft auf den Meeren und in den überseeischen Territorien.

Anhaltspunkte für Zweifel daran, daß er damals die Dinge wirklich so sah, sind nicht zu erkennen. Hitler wurde, wenn er ein Zusammenwirken zwischen Deutschland und Großbritannien ins Auge faßte, erstens von der Bewunderung geleitet, die er dem Rassewert der Engländer und der davon inspirierten imperialen Machtpolitik Englands entgegenbrachte, und zweitens von der Überzeugung, die Deutschen könnten den gleichen Rassewert erreichen und dann mit den Briten eine „arische Weltordnung" begründen. Es ist ein Denkvorgang, der an Absurdität eigentlich nicht zu übertreffen ist: Der Führer einer winzigen Partei, die in einem gerade besiegten, militärisch ohnmächtigen, wirtschaftlich angeschlagenen und inter-

---

[20] So sinngemäß ebenda, S. 951 bzw. S. 974; die folgenden Zitate finden sich ebenda, S. 875, S. 176 f., S. 698 und S. 915.

national handlungsunfähigen Land agiert, träumt da von der Teilung der Welt zwischen diesem Land und Großbritannien. Als Hitler seine Vision von der „arischen Weltordnung" beschwor, am 28. September 1922 in einer Münchner Versammlung der NSDAP, da sollte es schließlich nur noch wenige Monate dauern, bis französische und belgische Truppen am 6. Januar 1923 das Ruhrgebiet besetzten. Aber Hitler erklärte seinen Hörern, man dürfe „nicht fragen, ob es möglich ist, dieses Ziel zu erreichen, sondern ob es notwendig ist". Solche Parolen entsprachen Hitlers inbrünstigem Glauben, daß in den Beziehungen zwischen Menschen, ob in privaten, ob in politischen, stets der stärkere Wille triumphiere; das war das fatale Erbe eines von ihm auch sonst vielfach mißverstandenen Nietzsche, dessen Betonung des Willens und des „Willens zur Macht" als axiomatische Lebensweisheit auch viele Deutsche überzeugte, die nie eine Zeile des Philosophen gelesen hatten. Gleichwohl konnte es nicht ausbleiben, daß die Schwäche Deutschlands auch Hitlers außenpolitische Entwürfe – und dabei vornehmlich sein Bild vom richtigen deutsch-englischen Verhältnis – mitbestimmte. Mit anderen Worten: Wenn er eine Allianz zwischen Deutschland und Großbritannien für naturgegeben und außerdem im deutschen Interesse für unumgänglich hielt, so folgte er neben dem Diktat seiner „Weltanschauung" ganz simpel der Furcht vor England.

Allerdings spielten Elemente seines Rassismus auch hier eine gewichtige Rolle. Er glaubte, daß die Deutschen, sobald sie die Herrschaft der Juden abgeschüttelt hätten, schon auf dem Weg zur arischen „Rassereinheit" einen genügend hohen Rassewert besäßen, um dem Diktat ihres Blutes zu gehorchen und imperiale Politik zu verfolgen. Ein zumindest im Kern germanisches Volk wie das deutsche habe keine andere Wahl, als nach der Verbesserung seiner Lebensverhältnisse zu streben. Dementsprechend sagte er am 17. April 1923 in einer Versammlung im Zirkus Krone, „die Lebensbedingungen einer Nation" würden „letzten Endes nur gebessert durch den politischen Expansionswillen". Das war deutlich, führte aber sogleich zu der Frage, welche Richtung die Expansion nehmen sollte. Daß Westeuropa ausschied, lag für Hitler auf der Hand. Zwar erwartete er einen erneuten deutsch-französischen Krieg[21]. Ein solcher

---

[21] So schrieb er 1928: „So wie vor dem Jahre 1914 können wir auch heute als unbedingt feststehend immer annehmen, daß bei jedem Konflikt, in den Deutschland verwickelt wird, ganz gleich aus welchen Gründen heraus und ganz gleich aus welchen Veranlassungen, Frankreich immer unser Gegner sein wird." Hitler, Reden, Schriften, Anordnungen, Bd. II A, S. 109. Das folgende nach ebenda, S. 112ff., S. 59 (Zitat) und S. 83 (Zitat).

Krieg war in seinen Augen notwendig, um die Hegemonie Frankreichs auf dem europäischen Kontinent zu liquidieren. Die politische Gemütslage Hitlers und, wie er dachte, der ganzen Nation forderten außerdem die Tilgung der „Schmach von Versailles". Aber eine Expansion Deutschlands nach Westeuropa mußte in London die Erinnerung an die Politik des wilhelminischen Deutschland, die Politik des deutschen Ausgreifens nach Übersee, wecken und auf den unerbittlichen Widerstand Englands stoßen. Eine direkte Herausforderung Großbritanniens konnten und durften sich aber die den Engländern rassisch noch unterlegenen Deutschen keinesfalls leisten. Schon ein Bündnis mit Rußland, so hielt er den vielen Nationalsozialisten entgegen, die ein Zusammenwirken selbst mit dem bolschewistisch gewordenen Moskau gegen den liberalen und demokratischen Westen verfochten, werde England auf den Plan rufen, an die Seite Frankreichs zwingen und das Reich abermals ins Verderben führen. Voller Überzeugung schrieb er: Bei einem Krieg mit England würde dieser Staat „auf Grund einer mehrhundertjährigen Erfahrung [...] nichts unterlassen [...], eine allgemeine Mobilisation von Hilfsstaaten herbeizuführen", und die dummen Deutschnationalen, die zum Imperialismus des Kaiserreichs zurückkehren wollten und glaubten, dabei die Feindschaft Englands vermeiden zu können, belehrte er spöttisch: „Es gehört wirklich die ganz unglaubliche bürgerlich-nationale Naivität dazu zu meinen, daß England eine ihm gefährliche deutsche Konkurrenz dulden würde oder auch nur könnte."

Einem Gläubigen des rassistischen Expansionismus konnte die Folgerung nicht zweifelhaft sein: Die deutsche Politik hatte alle Regionen zu meiden, wo sie auf britische Interessen stoßen mußte. Mithin blieb nur der Osten des europäischen Kontinents. Dafür, so meinte Hitler, war die Tolerierung durch Großbritannien sicherlich zu gewinnen. Überzeugt davon, daß die Briten ebenso realistische und kalte Machtpolitiker seien, wie er einer sein wollte, redete er sich ein, daß die Leiter der britischen Politik deutsche Aktivitäten außerhalb und ohne Gefährdung britischer Interessensphären akzeptieren würden, also auch eine deutsche Ostexpansion. Was kümmerte, so dachte er, die Engländer Polen, die Tschechoslowakei, die baltischen Staaten oder auch Rußland! Das Reich hatte den Briten zu garantieren, daß der deutsche Expansionismus ausschließlich auf Ost- und Südosteuropa zielte, dann mußte die für eine kraftvolle deutsche Außenpolitik unverzichtbare Verständigung mit England zu haben sein. Schon 1921 vertrat er die Ansicht, das Verhältnis Deutschlands zu England sei stets gut, solange Deutschland nicht an den Interessenkreis stößt, den britische Tradition als allein Großbritannien zugehörig ansehe[22]. Wenn er die Außenpolitik des Kaiserreichs als schwächlich und unstet beklagte, so vornehmlich deshalb, weil damals der so große Möglichkeiten eröffnende Bund mit England aus dem Blick geraten sei. Theoretisch sei vor 1914 auch eine Allianz mit Rußland in Betracht gekommen, tatsächlich aber, so sagte er im Oktober 1921, hätten die Führer des wilhelminischen Deutschland ein Bündnis mit England suchen müssen, das „unbegrenzte Expansionsmöglichkeit nach dem Osten" beschert hätte.

In völliger Verkennung der durch den Krieg unzerreißbar gewordenen britisch-französischen Beziehungen glaubte Hitler im übrigen, eine Verständigung mit England werde auch die Schwächung Frankreichs erlauben, zumal man in London schon jetzt die französische Hegemonie auf dem europäischen Kontinent mißbillige. Im Dezember 1922 postulierte er in einem Gespräch einmal mehr, Deutschland müsse mit Hilfe Englands die „Zertrümmerung" Rußlands versuchen, und knüpfte daran die Bemerkung: „Bei der Abrechnung mit Frankreich würde uns dann England nicht dazwischen reden." Und im Februar 1924, in dem Verfahren nach dem gescheiterten Putsch vom November 1923, belehrte er das Volksgericht, Deutschland müsse gegen die französische Hegemonie mit der Unterstützung Englands und Italiens angehen.

Daß Hitler, wie die Erwähnung Italiens in diesem Zusammenhang zeigt, der Freundschaft mit Rom ebenfalls große Bedeutung beimaß, war allerdings nicht aus seiner rassistischen Grundvorstellung abgeleitet. Vielmehr wünschte er einen deutsch-italienischen Bund einfach zur Erleichterung der deutschen Außenpolitik, wie sie ihm vorschwebte. Als eines der ersten Nahziele eines außenpolitisch wieder handlungsfähigen Deutschland glaubte er Österreich ins Visier nehmen zu müssen: Zur Erhöhung der Schlagkraft des Reiches und aus sozusagen geostrategischen Gründen, nämlich als Absprungbasis in Richtung Ost wie Südost. Wenn aber Österreich mit dem Reich vereinigt werden sollte, konnte das nicht ohne die Zustimmung Italiens erreicht werden[23]. Daraus folgte freilich ein dorniges Problem. In Österreich wie in Deutschland war es Italien nicht verziehen worden, daß es 1918 Südtirol bis zum Brenner an sich gerissen hatte; dem zu den Alliierten gewechselten Dreibunds-

---

[22] Vgl. Hitler, Sämtliche Aufzeichnungen 1905–1924, S. 288. Das folgende nach ebenda, S. 505 (Zitat), S. 773 (Zitat) und S. 1115.
[23] So am 14.11.1922; Hitler, Sämtliche Aufzeichnungen 1905–1924, S. 728; dazu auch Hitler, Reden, Schriften, Anordnungen, Bd. II A, S. 136ff.; das folgende Zitat findet sich ebenda, S. 138.

mitglied hatte der 1915 begangene „Verrat" geradezu Haß – gemischt mit Verachtung – eingetragen. Und weder die österreichischen noch die reichsdeutschen Nationalisten zeigten sich gewillt, den Italienern ihren Raub zu überlassen.

An sich hielt Hitler es nicht für schwierig, Italien zu gewinnen: Italiens Zukunft als imperiale Macht lag in seinen Augen am „Randbecken des mittelländischen Meeres", womit jeder Interessenkonflikt entfiel, und mit Recht nahm er an, daß die zunehmenden italienisch-französischen Spannungen in Nordafrika und im Mittelmeerraum in Rom den Wunsch nach Annäherung an Deutschland wecken mußten. Aber da war eben Südtirol. Für Hitler stand schon früh fest, daß dieses Hemmnis allein durch den klar ausgesprochenen deutschen Verzicht aus dem Weg geräumt werden könne. Unwirsch sagte er bereits im März 1920, man solle doch die „Südtiroler Frage nicht höher einschätzen als Westpreußen"[24], und im November 1922 erklärte er ohne weitere Verbrämung, Deutschland brauche Österreich, werde es aber ohne die Zustimmung Englands und Italiens nicht bekommen; Italien sei ein notwendiger Partner deutscher Politik, und deshalb, so sagte er zur Verblüffung und gewiß auch zum Entsetzen seiner Zuhörer, die überwiegend Nationalisten und noch keineswegs rassistische Imperialisten waren, habe das „Geschwätz über Südtirol" aufzuhören. Einen Monat zuvor hatte er einer Allianz mit Italien das Wort geredet, indem er zwar zugab, daß die Deutschen bislang von den Italienern militärisch nichts hätten lernen müssen, „[a]ber jetzt wollen wir nach Italien zu den dortigen Faszisten blicken" und „sie bewundern". In der gleichen Absicht erinnerte er 1928 daran, daß sich auch Bismarck mit Italien verbündet und daß dieser Alliierte Preußens seine Bündnispflichten 1866 ehrenhaft erfüllt habe. Die Berufung auf Bismarck zeigt indes auch, daß er Italien als Partner nicht allein wegen der italienischen Genehmigung des Anschlusses wünschte, sondern doch auch zu einer Art Modernisierung der Bismarckschen Bündnispolitik: Hatte Italien seinerzeit Preußen durch die Bindung von Streitkräften der Donaumonarchie entlastet, so sollte Italien jetzt Deutschland, bei dessen Abrechnung mit Frankreich, durch die Bindung französischer Truppen entlasten[25]. Aber trotz all der nach seiner Meinung schlagenden Argumente tat er sich schwer; anfänglich, also 1920, sei der Gedanke an eine Allianz mit Italien,

---

[24] Hitler, Sämtliche Aufzeichnungen 1905–1924, S. 118; die folgenden Zitate finden sich ebenda, S. 728 und S. 701.
[25] Dieser Gesichtspunkt zeigte sich dann deutlich in Hitlers Italienpolitik des Jahres 1939.

so klagte er, „auf vollständiges Unverständnis" gestoßen[26]. Im übrigen war ihm durchaus bewußt, daß die politische Kooperation mit Italien, wofür und gegen wen auch immer, die deutsch-britische Verständigung voraussetzte; denn, so urteilte er in den zwanziger Jahren zutreffend, Italiens „natürliche militärgeographische Lage [...] wird diesen Staat stets zwingen, eine Politik zu machen, die ihn nicht in Konflikt mit einer übermächtigen Seemacht bringt".

Nun waren es gewiß nicht allein die nach seiner rassistischen „Weltanschauung" naturgegebenen Eigenschaften der Germanen oder Arier, die Hitler dazu brachten, den Deutschen zu predigen, sie hätten einem eingeborenen Expansionswillen zu gehorchen, und es war gewiß nicht allein die Furcht vor England, die ihn als Stoßrichtung der deutschen Expansion Osteuropa wählen ließ. Das Menschen- und Gesellschaftsbild der NSDAP war ja großstadtfeindlich und hielt eine gesunde menschliche Existenz nur für möglich, wenn das Individuum über ein Minimum an Grundbesitz verfüge. Im Lichte solcher Vorstellungen konnte die in Deutschland dicht gedrängte Nation in der Tat als „Volk ohne Raum" erscheinen, wie der Titel des überaus erfolgreichen Romans von Hans Grimm hieß. Hitler nahm das Bild vom „Volk ohne Raum" als Realität, und der politische Darwinist zögerte nicht einen Augenblick, daraus das Recht und sogar den Zwang zur Expansion abzuleiten. Stadtfeindschaft und Agrarromantik traten nach dem Ende der ersten Industrialisierungsphasen in allen europäischen Industriestaaten auf. Man kann geradezu von Wellen entsprechender Schriften sprechen, und in Deutschland pflegten Gruppen der bündischen Jugend wie in den angelsächsischen Ländern Teile der Pfadfinder-Bewegung derartige Stimmungen. Doch ist nahezu nirgends die Brücke zu einer aggressiven Außenpolitik geschlagen worden. Diese Seite des Hitlerschen Expansionismus hatte denn auch eine andere Herkunft.

Sowohl das Menschen- und Gesellschaftsbild der NS-Bewegung wie auch die davon abgeleitete Forderung nach Expansion sind bereits vor dem Krieg bei den Nationalsozialisten Deutsch-Österreichs und Böhmen-Mährens entstanden. Unmittelbar nach dem Krieg verfaßte einer der nun sudetendeutsch genannten mährischen Nationalsozialisten, Rudolf Jung, eine Schrift, die unter dem Titel „Der nationale Sozialismus" noch 1919 in Aussig erschien. Auf

---

[26] Vgl. das Pamphlet „Die Südtiroler Frage und das deutsche Bündnisproblem" (1926), in: Hitler, Reden, Schriften, Anordnungen, Bd. II A, S. 150; das folgende Zitat findet sich ebenda, S. 55.

Seite 74 konnte man die von einer sozusagen biederen Brutalität zeugenden Sätze lesen:

„Ihm [dem Zeitalter des nationalen Sozialismus] gehört die Zukunft. Er baut das neue, wirklich Deutsche Reich auf, dessen erste Tat in der Lösung der Boden- und mit ihr der Heimstättenfrage bestehen muß, denn der Deutsche soll wieder als Freier auf freiem Grund stehen! Hier regen sich die Zweifel. Woher das Land nehmen, so hören wir fragen. Nun, soweit es möglich ist, wird es innerhalb der heutigen Reichsgrenzen beschafft. Wird aber unserem Volke dort der Lebensraum zu eng, nun, dann wird es durch die Not getrieben, wieder dorthin fahren zu müssen, wohin einst die Ahnen zogen: Gen Osten."

Hitler wurde sicherlich auch von den Lehren der Alldeutschen beeinflußt. Außerdem bestand eine gewisse Verbindung zu dem Theoretiker der „Geopolitik" Karl Haushofer, einem verabschiedeten Generalmajor, der nach dem Krieg in München lehrte, erst als Privatdozent, seit 1921 als Honorarprofessor; einer der frühesten Gefährten Hitlers, Rudolf Heß, gehörte zu seinem Schülerkreis. Weitaus stärker war jedoch der Einfluß, den die österreichischen und sudetendeutschen Genossen auf den „Führer" ausübten. Gerade in der Anfangsphase der NSDAP arbeiteten die durch Staatsgrenzen getrennten Nationalsozialisten eng zusammen. Es fanden gemeinsame Tagungen statt[27]; es wurden Aufrufe veröffentlicht, die im Namen einer „NSDAP Großdeutschlands" von den Führern aller drei Parteien unterzeichnet wurden; Hitler unternahm Vortragsreisen durch Österreich. Gelegentlich berief er sich öffentlich auf Jung, so am 22. Februar 1922 in einer Versammlung im Zirkus Krone, auf der Jung auch selbst gesprochen hatte. Nachdem die Prager Regierung im Herbst 1933 die sudetendeutsche Deutsche Nationalsozialistische Arbeiterpartei (DNSAP) verboten hatte, flüchteten der vorübergehend verhaftete Jung und sein Kollege Hans Krebs ins „Reich". Sie meldeten sich bei Hitler, der sie freundlich aufnahm und Jung versicherte, daß er wohl wisse, wie sehr er ideologisch-programmatisch in seiner Schuld stehe[28].

Rudolf Jung hatte die Richtung genannt, die der deutsche Expansionismus nehmen sollte. Ins gleiche Horn stießen Deutschbalten, die 1919/20 aus Lettland und Estland emigriert waren und auf Grund ihres radikalen Antibolschewismus den Weg zur NSDAP

---

[27] Vgl. Hitler, Sämtliche Aufzeichnungen 1905–1924, S. 173; zum folgenden vgl. ebenda, S. 240, S. 243ff., S. 247 und S. 565.
[28] Vgl. Mitteilungen von Ernst Frank (Bruder von Karl Hermann Frank) und Albert Smagon an den Verfasser.

fanden, so Erwin von Scheubner-Richter, der am 9. November 1923 zum Gefolge Hitlers gehörte und an der Feldherrnhalle den Tod fand, so Alfred Rosenberg, der zum Chefideologen der NS-Bewegung aufstieg. Im übrigen verband Hitler, wie viele deutschnationale Expansions-Träumer vom Schlage Alfred Hugenbergs und anderer Alldeutscher, mit dem Begriff „Osten" die Vorstellung von grenzenloser Weite und dünner Besiedlung. In einer Unterhaltung mit Eduard August Scharrer sagte er Ende Dezember 1922, wenn Deutschland – mit Englands Hilfe – Rußland zertrümmere, stehe dort „genügend Boden für deutsche Siedler und ein weites Betätigungsfeld für die deutsche Industrie" zur Verfügung[29].

Doch trotz aller kontributiven Einflüsse ist klar zu erkennen, daß Hitlers Eroberungswille primär aus einem biologisch und folglich naturgesetzlich begründeten Recht und Drang der höchstwertigen Arier zur Erweiterung ihres Macht- und Lebensraums gewachsen war und daß der Hunger nach einer partnerschaftlichen Verbindung mit England allein schon von dem festen Glauben an das gemeinsame Germanentum der Engländer und Deutschen herrührte. Ebenso klar ist zu sehen, daß die bewußte Lenkung des deutschen Expansionismus auf Osteuropa anfänglich und im wesentlichen der Furcht entsprang, bei jeder anderen Stoßrichtung auf die im Augenblick sogar noch rassisch höherwertigen Engländer zu treffen.

Mit seiner Konzeption stieß Hitler nicht nur 1920 und 1921 auf Widerstand in den eigenen Reihen. Auch danach vermochte er sich in der Gesamtpartei nur schwer durchzusetzen. Zwar gelang es ihm, in der bayerischen NSDAP eine unanfechtbare Stellung zu gewinnen, sowohl als politischer „Führer" wie als Programmatiker; in München wirkte seine Rednergabe unmittelbar, hier hatte die Räterepublik von 1919 beim Gros der Bevölkerung einen Abscheu vor dem Bolschewismus geweckt, der den Gedanken an ein Zusammenwirken deutscher Nationalisten mit russischen Bolschewiki als absurd erscheinen ließ. Überdies standen die bayerischen Nationalsozialisten in kontinuierlichem Austausch mit österreichischen und böhmisch-mährischen Genossen vom Schlage des auf Ostexpansion spekulierenden Rudolf Jung.

In den nationalsozialistischen Zirkeln West-, Nord- und Ostdeutschlands hingegen blieb man dem Rassismus und dem rassistisch begründeten Imperialismus Hitlerscher Observanz gegenüber reserviert. Gewiß verfochten sie einen gleich radikalen Nationalis-

---

[29] Hitler, Sämtliche Aufzeichnungen 1905–1924, S. 773.

mus wie die Münchner und Nürnberger Nationalsozialisten. Doch angesichts unmittelbar erfahrener Konsequenzen des Versailler Vertrags, so der französischen Besetzung rheinischer Territorien, so des Verlusts von Eupen-Malmedy an Belgien, von Nordschleswig an Dänemark und von Posen, Westpreußen und Teilen Oberschlesiens an Polen, richtete sich ihre nationalistische Erregung in erster Linie gegen die Mächte von Versailles, also vor allem gegen Frankreich, aber kaum weniger grimmig gegen England. Auch entwickelte sich in den nationalsozialistischen Zellen, die in der hochindustrialisierten Region an Rhein und Ruhr entstanden, ein Antikapitalismus und ein Sozialismus, denen wohl der Internationalismus aller jener Sozialismen fehlte, welche auf Marx und andere Kirchenväter des Sozialismus zurückgingen, die jedoch schärfer und zielklarer ausfielen als der vage kleinbürgerliche Antikapitalismus, den in Bayern etwa Hitler, Gottfried Feder und Gregor Straßer predigten. Junge Funktionäre der westdeutschen NSDAP wie Joseph Goebbels oder Karl Kaufmann – von Mai 1929 bis Kriegsende Gauleiter von Hamburg – nahmen das „sozialistisch" in nationalsozialistisch durchaus ernst, fast so ernst wie das „national".

So glaubten die westdeutschen Nationalsozialisten England aus doppeltem Grund als Feind betrachten zu müssen: als Garant des Versailler Vertrags und als das klassische Land des Weltkapitalismus. Eine Allianz mit diesem Land konnte nicht in Frage kommen. Angesichts ihrer außenpolitischen Gegnerschaft gegen den Westen wie auch ihrer gesellschaftspolitischen Orientierung meinten die Goebbels und Kaufmann vielmehr, daß Rußland ihr naturgegebener Verbündeter sei. Auch Goebbels übte Kritik an der wilhelminischen Außenpolitik, aber in einem ganz anderen Sinne als Hitler. In der ersten Hälfte der zwanziger Jahre legte er eine hymnische Verehrung russischer Literatur, vor allem Dostojewskis, an den Tag[30], und solche Schwärmerei verband er mit politischen Überlegungen, um zu dem Schluß zu kommen:

„Der größte Fehler unserer Politik seit 1871 war, daß wir nicht von vornherein eine feste und sichere Position der Freundschaft und des Aneinandergebundenseins Rußland gegenüber einnahmen. Wie konnte man bei einer Wahl zwischen Rußland und England noch schwanken."

Welches Volk, so fragte er „rein machtpolitisch", hat mehr Soldaten, das Volk Dostojewskis oder das Volk Oscar Wildes? „Was ist geistig wertvoller, die russische Mystik oder der englische cant?"

---

[30] Vgl. Goebbels, Tagebücher, Teil I, Bd. 1/I, S. 32 und S. 99; die folgenden Zitate finden sich ebenda, S. 34 und S. 162.

Die Oktoberrevolution hatte für die Nationalsozialisten Goebbelsscher Prägung nur wenig geändert. „Bolschewismus", konstatierte der spätere Propagandaminister, „ist gesund in seinem Kern". Daß sich deutsche Kommunisten und deutsche Nationalsozialisten immer bitterer befehdeten, begriff Goebbels als beklagenswerten Bruderkrieg und als sinnlose Verschwendung revolutionärer Energie[31]. Folgerichtig sah er die 1924 von Außenminister Gustav Stresemann eingeleitete Annäherung Deutschlands an den Westen als Auslieferung des Reiches an den Kapitalismus und als Anschluß an die Front der Rußlandfeinde[32]. Daß es Stresemann gelang, die besonderen Beziehungen zwischen Weimarer Republik und Sowjetunion auch durch die Locarno-Politik hindurch zu retten, bemerkte Goebbels nicht; wie alle Ideologen hatte er keinen Blick für politische Realitäten. So schrieb er empört:

„Deutschlands Söhne werden sich auf den Schlachtfeldern Europas im Dienste dieses Kapitalismus als Landsknechte verbluten. Vielleicht, wahrscheinlich im ‚heiligen Krieg gegen Moskau!'. Gibt es eine größere politische Infamie?"

Dem setzte der nationalistische Sozialist die trotzige Parole entgegen: „lieber mit dem Bolschewismus den Untergang, als mit dem Kapitalismus ewige Sklaverei." An der russischen Gegenwart störte ihn nur, daß die Oktoberrevolution – hier stimmte er mit Hitler weitgehend überein – viele Juden an die Macht gebracht habe. Der Antisemitismus der westdeutschen Nationalsozialisten wies die gleiche Radikalität auf wie die Judenfeindschaft der Münchner und Nürnberger Genossen; schon im November 1923, ehe er Hitler kennenlernte, schrieb Goebbels: „Das Judentum ist das Gift, das den europäischen Volkskörper zu Tode bringt."[33] Aber Goebbels meinte, „die russische Gegenwart" sei nur „jüdischer Seifenschaum", darunter liege „die schwere nationale Lauge". Er glaubte weiter, das russische Volk werde sich bald in einer „blutige[n] völkische[n] Reinigung" von der jüdischen Bedrohung befreien und danach würden sich der „russische und der deutsche Gedanke" verbinden. Noch im Juli 1924 notierte er: „Russische Männer, jagt das Judenpack zum Teufel und reicht Deutschland euere Hand." Ein „Drang nach Osten" im Sinne von Eroberung und Besiedlung, wie ihn die süddeutschen Nationalsozialisten für geboten ansahen, war mithin

---

[31] Vgl. Goebbels, Tagebücher, Teil I, Bd. 2/I, S. 104.
[32] Vgl. Goebbels, Tagebücher, Teil I, Bd. 1/I, S. 366; die folgenden Zitate finden sich ebenda sowie auf S. 369.
[33] Dieses und die folgenden Belege und Zitate finden sich ebenda, S. 50, S. 152, S. 118, S. 184, S. 110, S. 112, S. 109, S. 365 und S. 369.

bei Goebbels und seinen Gesinnungsfreunden nicht einmal im Ansatz vorhanden.

In wesentlichen Fragen bestand also ein unüberbrückbar scheinender Gegensatz zwischen den westdeutschen und den süddeutschen Nationalsozialisten. Hitler, der entschlossen war, seine Konzeption für eine deutsche „Raumpolitik" zum Programm der gesamten NS-Bewegung zu machen, stand vor einer schweren Aufgabe. Von 1919 bis 1924 war das Problem praktisch noch unlösbar, da die westdeutschen Nationalsozialisten Hitler nur aus der Ferne wahrnahmen und daher noch außer Reichweite seiner charismatischen Rhetorik verblieben. Die Lektüre des in München erscheinenden „Völkischen Beobachters" und Hitlers Aufsätze darin konnten nicht ausreichen, ihn auch in Westdeutschland als den politischen „Führer" zu etablieren – was dem Programmatiker mehr Überzeugungskraft verschafft hätte. Goebbels rühmte zwar nach dem Novemberputsch von 1923 Hitlers „Elan, seine Verve, seine Begeisterung, sein deutsches Gemüt", sagte aber, nicht ohne intellektuellen Hochmut: „Geistig ist dieser Mann ja nicht."

Gewiß gab es Gemeinsamkeiten, die als starke Bande wirkten. Vom Antisemitismus abgesehen, war es gerade die zur generell antiwestlichen Orientierung gehörende schroffe Ablehnung von Liberalismus und Demokratie, die alle völkisch-nationalsozialistischen Gruppen in Westdeutschland mit der süddeutschen NSDAP teilten. Wenn Goebbels wütete: „Das allgemeine Wahlrecht ist die Diktatur der Bösen und Dummen", wenn er sich zu dem Satz verstieg: „Der Teufel hole die schleimige Demokratie, dies Deckschild für alle gemeinen Rassesünden", so hätte ihm in München oder Nürnberg kein Nationalsozialist widersprochen, am wenigsten Hitler. Aber etliche Jahre war es zweifelhaft, ob solche Gemeinsamkeiten ausreichten, eine reichsweit organisierte und einheitlich auftretende Volkspartei zu begründen. Noch im Oktober 1925, als er gerade Geschäftsführer des Gaues Rheinland-Nord der NSDAP und Schriftleiter der von Gregor Straßer ins Leben gerufenen „Nationalsozialistischen Briefe" geworden war, notierte Goebbels nach der Lektüre von Hitlers „Mein Kampf" skeptisch: „Wer ist dieser Mann? Halb Plebejer, halb Gott!" Seine Neigung zur Zusammenarbeit mit der Sowjetunion wie seine Sympathie für die deutschen Kommunisten blieben jedenfalls ungeschwächt, und einige Wochen später verteidigte er seine Positionen auf einem Führertreffen in Hannover mit ungebrochener Leidenschaft:

„Und dann lege ich los. Rußland, Deutschland, Westkapital, Bolschewismus, ich spreche eine halbe, eine ganze Stunde. Alles lauscht in atemloser Spannung. Und dann stürmische Zustim-

mung. [...] Schluß: Stra[ß]er schüttelt mir die Hand. Feder klein und häßlich."[34]
Indes waren es vor allem solche Führertreffen, die Hitler als Mittel dienten, seine „raumpolitische" und die dazu gehörige bündnispolitische Konzeption für die gesamte NS-Bewegung verbindlich zu machen. In diesem Prozeß erwies sich der Parteitag vom Februar 1926 in Bamberg von besonderer Bedeutung. Auf ihm begann nämlich die Bekehrung eines der prominenten westdeutschen Nationalsozialisten, der sich zugleich als Kritiker der Münchner Parteiführung hervorgetan hatte. Die demagogische Kraft von Joseph Geoebbels kam sicherlich der Hitlers nicht gleich, doch rangierten seine agitatorischen Fähigkeiten nicht weit hinter denen des „Führers", und da in einer Bewegung wie der NSDAP politischer Einfluß nicht zuletzt von der agitatorischen Potenz abhing, mußte es auf die Entwicklung von politischer Vorstellungswelt und Zielsetzung der Gesamtpartei von wesentlichem Einfluß sein, wenn es Hitler gelang, aus der Front seiner westdeutschen Gegner deren wichtigsten Sprecher zu sich herüberzuziehen.

Goebbels fuhr dann auch in dem Bewußtsein nach Bamberg, daß dort die Auseinandersetzung um den Kurs der NSDAP, die mit der Neugründung der Partei im Februar 1925 ernsthaft begonnen hatte, in eine entscheidende Etappe eintreten werde. Seine Stimmung war trutzig. „Steh und ficht!" ermahnte er sich eine Woche vor Beginn des Parteitags. Er fühlte sich überdies siegessicher. Noch am 11.Februar notierte er: „In allen Städten bemerke ich mit heller Freude, daß unser [...] Geist marschiert. Kein Mensch glaubt mehr an München." Zwar hatte er keineswegs die Absicht, Hitler von der Spitze der Bewegung zu verdrängen, wohl aber baute er darauf, daß es gelingen werde, den „Führer" „auf unser Terrain [zu] locken". Er erlebte eine herbe Enttäuschung:

„Hitler redet. 2 Stunden. Ich bin wie geschlagen. Welch ein Hitler? Ein Reaktionär? [...] Russische Frage: vollkommen daneben. Italien und England naturgegebene Bundesgenossen. Grauenhaft! Unsere Aufgabe ist die Zertrümmerung des Bolschewismus. Bolschewismus ist jüdische Mache! Wir müssen Rußland beerben! 180 Millionen!!!"

Auch die gesellschaftspolitischen Äußerungen Hitlers verfielen dem Verdikt: „Grauenvoll!" Gleichwohl muß Hitler die Selbstgewißheit von Goebbels erschüttert haben. Schon ein paar Wochen später las er Hitlers im Januar und Anfang Februar 1926 verfaßte Schrift „Die

---

[34] Goebbels, Tagebücher, Teil I, Bd. 1/II, S. 49; die folgenden Belege und Zitate finden sich ebenda, S. 52, S. 53 und S. 55.

Südtiroler Frage und das deutsche Bündnisproblem", ein beredtes Plädoyer für eine deutsche Allianz mit England und Italien[35]. Und jetzt kommentierte Goebbels: „Eine fabelhaft klare und großzügige Broschüre. Er ist schon ein Kerl, ... der Chef. Er hat mir wieder manchen Zweifel zerstört."[36]

Zudem lernte er im März 1926 Rudolf Jung kennen und zeigte sich von dessen Vorstellungen beeindruckt. Ein „feiner Kopf", mit „ihm kann man arbeiten". Als Goebbels im April in München eine der großen Reden erlebte, mit denen Hitler die Elite der Partei zu überzeugen suchte, reagierte er nicht mehr mit Widerspruch, sondern bereits mit enthusiastisch ausgedrückter ideologischer Kapitulation:

„Hitler kommt. Prinzipielle Fragen: Ostpolitik. Soziale Frage. Bamberger Beweisführung. Er spricht 3 Stunden. Glänzend. Könnte einen irre machen. Italien und England unsere Bundesgenossen. Rußland will uns fressen. [...] Wir kommen aneinander. Wir fragen. Er antwortet glänzend. Ich liebe ihn. Soziale Frage. Ganz neue Einblicke. [...] Ich beuge mich dem Größeren, dem politischen Genie."

Nach der Lektüre des im Dezember 1926 veröffentlichten zweiten Bandes von „Mein Kampf" konnte er nur noch die Bestätigung seiner Konversion festhalten: „Ich lese mit fiebernder Spannung Hitlers Buch. Der echte Hitler. Wie er ist! Ich möchte manchmal schreien vor Freude." An Sylvester 1926 gestand er sich: „Ein Mann wurde mir endgültig Führer und Wegweiser: Adolf Hitler. An ihn glaube ich, wie ich an die Zukunft glaube."

Gewiß erlagen nicht alle Nationalsozialisten der Gewalt Hitlerscher Rhetorik und der Pseudologik seiner „staatsmännischen" Konzeptionen. Da waren die Brüder Straßer, denen Hitlers Antikapitalismus zu lau war. Otto Straßer kehrte der NSDAP mit einigen Gesinnungsgenossen am 4. Juli 1930 den Rücken, weil sich Hitler bürgerlich-kapitalistischen Parteien näherte[37]. Gregor Straßer, seit 1928 Reichsorganisationsleiter der Partei, legte am 8. Dezember 1932 alle Parteiämter nieder, allerdings weniger aus den Gründen, die seinen Bruder zum Gegner Hitlers gemacht hatten, sondern mehr auf

---

[35] Vgl. Anm. 30.
[36] Goebbels, Tagebücher, Teil I, Bd. 1/II, S. 63 f.; die folgenden Zitate finden sich ebenda, S. 61, S. 73, S. 159 und S. 166.
[37] Vgl. hierzu Dietrich Orlow, The history of the Nazi party 1919–1933, Pittsburgh ²1969; Ulrich Wörtz, Programmatik und Führerprinzip. Das Problem des Straßer-Kreises in der NSDAP, Erlangen/Nürnberg 1966; Otto Straßer, Hitler und ich, Konstanz 1948.

Grund scharfer Meinungsverschiedenheiten mit dem „Führer" über die richtige Taktik beim Kampf um die Macht[38]. Und da war zum Beispiel Ernst Graf zu Reventlow: Mit seinem Stand ebenso zerfallen wie seine Schwester Franziska zu Reventlow, die Schwabinger Schriftstellerin, wurde der ehemalige Marineoffizier 1920 Herausgeber der völkisch-sozialistischen Zeitschrift „Der Reichswart" und zu einem nicht weniger vehementen Feind der Weimarer Republik als Hitler. 1927 trat er von der Deutsch-völkischen Freiheitspartei, in der er führend tätig gewesen war, zur NSDAP über. Jedoch zog er andere Konsequenzen als Hitler: Mit der kommunistischen Sowjetunion als einem gesellschaftspolitischen Vorbild sympathisierend und als einem potentiellen Bundesgenossen rechnend, fand er an der bündnispolitischen Konzeption Hitlers wenig Geschmack. Zwar paßte er sich später der „raumpolitischen" Generallinie des „Führers" an, aber noch 1929 hatte dieser Veranlassung, sich „[s]charf gegen Reventlows östliche Orientierung" zu wenden[39]. Selbst Goebbels war gelegentlich versucht, vom Pfad der neu gefundenen bündnispolitischen Tugend wieder abzuweichen. Nachdem er im August 1928 in der Innsbrucker Hofkirche am Grab Andreas Hofers gestanden hatte, vertraute er seinem Tagebuch an: „Wie schwer ist unsere Haltung zur Südtiroler Frage. Der Italiener ist doch ein Mistvieh."

Goebbels setzte hinzu: „Mit Ausnahme von Mussolini." In der Tat fiel der von Hitler geforderte Verzicht auf Südtirol vielen Parteigenossen weit schwerer als die Bejahung eines nach Osten greifenden deutschen Imperialismus und als die Befreundung mit den pro-englischen Tönen des „Führers". Es ist bezeichnend, daß Hitler sich 1928 gezwungen glaubte, seiner Schrift „Die Südtiroler Frage und das deutsche Bündnisproblem" und dem zweiten Band von „Mein Kampf" eine weitere umfängliche Darlegung seiner außenpolitischen Grundsätze und seiner bündnispolitischen Planung folgen zu lassen. Es ist freilich ebenso bezeichnend, daß er auf die Veröffentlichung des Manuskripts am Ende doch verzichtete[40]. Von

---

[38] Vgl. Udo Kissenkoetter, Gregor Straßer und die NSDAP, Stuttgart 1978. Zum Gesamtkomplex wichtig Peter Longerich, Die braunen Bataillone, Geschichte der SA, München 1989.
[39] Goebbels, Tagebücher, Teil I, Bd. 1/III, S. 281; die folgenden Zitate finden sich ebenda, S. 73.
[40] Das Manuskript wurde erstmals 1961 als Bd. 7 der vom Institut für Zeitgeschichte München herausgegebenen Reihe Quellen und Darstellungen zur Zeitgeschichte unter dem Titel „Hitlers zweites Buch" veröffentlicht (eingeleitet und kommentiert von Gerhard L. Weinberg); jetzt in: Hitler, Reden, Schriften, Anordnungen, Bd. II A, S. Vff., hier vor allem S. XXIf.

1925 bis 1930 vollzog sich unaufhaltsam sein Aufstieg zum unangefochtenen „Führer" der NS-Bewegung. Im gleichen Zeitraum setzte sich in der Partei auch sein innen- wie außenpolitisches Programm durch; die beiden unauflöslich ineinander verschlungenen Prozesse bedurften keiner Unterstützung durch einen Aufguß von „Mein Kampf" mehr. Daß Hitler das Gros der als Multiplikatoren so wichtigen Parteifunktionäre gewann und daß er selbst die Notwendigkeit einer deutschen „Lebensraum-Politik" in zahllosen Massenversammlungen in die Köpfe seiner Zuhörer hämmerte, reichte aus, seine Position auch als Architekt nationalsozialistischer Außenpolitik definitiv zu befestigen.

Im Rückblick sind die Etablierung Hitlers als außenpolitischer Stratege der NS-Bewegung und die allmählich weitere Verbreitung seiner Ideen von historischer Bedeutung. Damals aber waren die Debatten um eine Ostorientierung des deutschen Expansionismus, um die dafür erforderlichen Allianzen mit England und Italien und um den von solchen Bündnissen erzwungenen Verzicht auf wilhelminische „Weltpolitik" und auf Südtirol etliche Jahre lang nur interne Auseinandersetzungen in einer kleinen Partei, die am Rande des politischen Spektrums existierte und deren Führergarde als eine Ansammlung politischer Sektierer erschien. Nicht daß es Hitler an Selbstbewußtsein und am Vertrauen auf künftigen Erfolg gefehlt hätte. Noch ehe die NS-Führung, ermutigt durch ihren Wahlerfolg vom 14. September 1930, der 107 Nationalsozialisten in den Reichstag brachte, planmäßig die Zusammenarbeit mit ungarischen und vor allem italienischen Faschisten, ja sogar Verbindung zur britischen Regierung, suchte[41], legte Hitler Anfang Mai 1927 dem Marchese Francesco Antinori sein außenpolitisches Programm rückhaltlos dar[42]. Der Marchese war damals zwar nur Attaché an der italienischen Botschaft in Berlin, hatte aber das Ohr Mussolinis, und Hitler durfte annehmen, daß der „Duce" einen genauen Bericht über seine offenherzigen Bemerkungen erhielt.

Gleichwohl war es vor dem Durchbruch von 1930 noch unklar, ob die NS-Bewegung und Hitler an ihren außenpolitischen Zielen festzuhalten vermochten, eben wenn sie Erfolg hatten und die NSDAP sich tatsächlich zur Volkspartei entwickelte. In der Tat gewannen die Nationalsozialisten von 1928/29 bis 1933 viele Mitglieder und zahllose Wähler, die weder vom radikalen Antisemitismus noch von den expansionistischen Visionen dieser rassistischen Sek-

---

[41] Vgl. etwa DBFP 1919–1939, Second Series, Bd. II, Nr. 302, Nr. 304 und Nr. 305.
[42] Vgl. Goebbels, Tagebücher, Teil I, Bd. 1/II, S. 217.

tierer angelockt wurden[43]. Die eigentliche Attraktion waren der Elan und die Energie, welche Hitler und seine Genossen an den Tag legten und auf unzähligen Versammlungen zur Verheißung steigerten, daß mit ihnen eine Kraft entstanden sei, fähig zur Überwindung der großen Wirtschaftskrise und zur Schaffung einer stabilen politischen Ordnung.

Allerdings stand den Nationalsozialisten ihr Antisemitismus und Expansionismus auch nicht im Wege. Ein sozusagen ordinärer Antisemitismus, der den Deutschen jüdischer Herkunft oder mosaischer Konfession Beschränkungen beim Studium und bei der Berufswahl auferlegen wollte, saß vielen Deutschen im Gemüt und im Kopf, nicht zuletzt weil die Juden als Nutznießer und sogar Urheber einer Modernisierung, Urbanisierung und Liberalisierung wahrgenommen wurden, die nicht wenige Angehörige des Bürgertums auch dann als schädlich für Nation und Gesellschaft verwarfen, wenn sie selbst davon profitierten[44]. Manche Deutschnationale dachten sogar an die vollständige Rücknahme der jüdischen Emanzipation und an die mit Gesetzen zu erzwingende Isolierung der deutschen Juden in der Nation[45]. Die Propaganda der Rechten, die das Judentum obendrein sowohl mit dem Kommunismus wie mit dem ungehemmten Kapitalismus gleichsetzte und für alle politischen und wirtschaftlichen Krisen der Gegenwart verantwortlich machte, namentlich für die Niederlage im großen Krieg, die revolutionären Geschehnisse von 1918 bis 1923, die Inflation und das seit 1929 hereingebrochene Elend, diese Propaganda war nicht ohne Wirkung geblieben.

Auch die außenpolitischen Forderungen der Nationalsozialisten hatten kaum abstoßende Effekte. Wer die NS-Bewegung aus ganz anderen Gründen in einem günstigen Licht zu sehen begann, konnte sich auch einreden, daß er es bei diesen Schreihälsen und Rabauken mit Kämpfern gegen den Versailler Vertrag zu tun habe, also mit Leuten, die im Grunde das gleiche anstrebten wie fast alle Deutschen, nur eben stürmischer und bedenkenloser. Das offizielle Parteiprogramm verlangte die Schaffung von „Großdeutschland", also den Anschluß aller in Europa außerhalb der Grenzen von 1919 lebenden Deutschen an das Deutsche Reich, und das ging doch

---

[43] Vgl. hierzu Martin Broszat, Die Machtergreifung, München ⁵1994.
[44] Vgl. Hermann Graml, Reichskristallnacht. Antisemitismus und Judenverfolgung im Dritten Reich, München ³1998.
[45] Vgl. ebenda, S. 113f. Zum Gesamtkomplex vgl. Saul Friedländer, Das Dritte Reich und die Juden, Bd. 2: Die Jahre der Vernichtung 1939–1945, München ²2006.

etwas über die allgemein bejahte Revisionspolitik hinaus. Viele fanden solchen Anspruch zwar hochgesteckt und wahrscheinlich nicht realisierbar, jedoch weder moralisch noch politisch verwerflich. Kamen die Nationalsozialisten an die Macht, dann würden innere wie auswärtige Gegenkräfte allzu gefährliche Abenteuer schon verhindern.

Bei genauerem Hinsehen und Hinhören war gewiß erkennbar, daß die NS-Bewegung und zumal ihr „starker Mann"[46], Adolf Hitler, sich keinesfalls mit dem zufriedenzugeben gedachten, was die von 1930 bis 1933 ihr zuströmenden neuen Mitglieder für richtig hielten oder zu tolerieren bereit waren. Manche Beobachter der politischen Szenerie Deutschlands haben denn auch die deutsche Öffentlichkeit in deutlichen Worten davor gewarnt, der NS-Bewegung zu trauen und sich durch eine rundum positive Wertung des unbestreitbaren Schwungs und des in der gegebenen Situation so angemessen wirkenden Machtwillens der führenden Nationalsozialisten einer Horde politischer Desperados auszuliefern[47]. Erfolg hatten die Warner aber kaum. Die wirtschaftlichen Nöte waren zu drängend, die Sehnsucht nach der Wiederkehr des glorifizierten Kaiserreichs hatte sich zu tief festgesetzt, und der Versailler Affekt trübte zu sehr den Blick auf Hitlers wahre außenpolitischen Ziele; im übrigen fanden viele Angehörige der bürgerlichen Schichten die Aussicht auf einen totalitären Staat wenig abschreckend, wenn er nur, wie die Nationalsozialisten ankündigten, die Eliminierung der gefürchteten Linken brachte. Solch eigentümliche Gemengelage der politischen Ängste und Hoffnungen erlaubte es Hitler tatsächlich, die in der NS-Bewegung so mühsam durchgesetzte außen- und bündnispolitische Konzeption auch von 1930 bis 1933, auf dem Weg zur Macht, als programmatischen Kernpunkt der NSDAP beizubehalten. Die Entwicklung der NSDAP zur Massenpartei nötigte die NS-Führung nicht zur Verleugnung ihres Maximalprogramms, nicht einmal zur Abschwächung. Als Reichspräsident Paul von Hindenburg den Führer der Nationalsozialisten zum Reichskanzler ernannte, zog dieser in die Reichskanzlei ein, ohne daß er von seinem ideologischen und politischen Gepäck irgend etwas hätte abwerfen müssen[48]. Die Frage lautete nun, ob sich die Pläne und Rezepte der NS-Bewegung in Realität verwandeln ließen.

---

[46] Vgl. Kershaw, Hitler, Bd. 1, vor allem S. 279ff.
[47] Vgl. z.B. Theodor Heuss, Hitlers Weg. Eine historisch-politische Studie über den Nationalsozialismus, Stuttgart 1932; Ernst Niekisch, Hitler. Ein deutsches Verhängnis, Berlin 1932.
[48] Vgl. Kershaw, Hitler, Bd. 1, S. 559ff.

II. Hitlers Werben um England 1933 bis 1936: erstes deutsch-englisches Mißverständnis

Die neuen Herren haben schon in den ersten Wochen und Monaten sehr ernst gemeinte Versuche unternommen, ihrem Eroberungsprogramm die bündnispolitischen Voraussetzungen zu schaffen. Die Schwierigkeiten erwiesen sich freilich als vorerst unüberwindlich. Das Problem allerdings, das Hitler sah und geraume Zeit sogar als reale Gefahr für seine Politik einstufte, gab es gar nicht, es war pure Einbildung. Welche Fährnisse drohten, wenn Deutschland die nach der Niederlage im Weltkrieg von den Siegern oktroyierten Beschränkungen abzuschütteln und jene Kraft zu mobilisieren begann, die es vor 1914 und in den Kriegsjahren zum Angriff auf das europäische Gleichgewicht verleitet hatte? Wenn also das Deutsche Reich abermals den Weg vom potentiellen zum realen Hegemon des Kontinents einzuschlagen drohte? Wenn sich Hitler derartige Fragen stellte, dachte er nicht in erster Linie an Großbritannien. Offensichtlich nahm er an, den Engländern sehr rasch seine Vorstellung von der deutsch-britischen Herrschaftsteilung vermitteln und noch vor dem Abschluß einer formellen Allianz ein stillschweigendes Einverständnis herstellen zu können. Doch wie verhielt es sich mit Frankreich? Sollte Frankreich noch „Staatsmänner" in seinem Verständnis des Begriffs haben, so handelte es ja nur angemessen, wenn es die deutsche Aufrüstung durch eine Militäraktion im Keim erstickte[1]. Und wenn Frankreich intervenierte, war es mehr als wahrscheinlich, daß sich Polen beteiligte, vielleicht dann doch auch das zunächst noch an Frankreich gebundene Großbritannien. So endeten die nationalsozialistischen Träume womöglich bereits frühzeitig in einer Katastrophe.

In Wahrheit waren Hitlers Sorgen unbegründet. Zwar gab es in Warschau einige mehr oder weniger gewichtige Politiker, die den Gedanken erwogen, mit einem präventiven französisch-polnischen

---

[1] Vgl. Thilo Vogelsang, Neue Dokumente zur Geschichte der Reichswehr 1930–1933, in: VfZ 2 (1954), S. 397–436, hier S. 435. Zum ganzen Komplex vgl. Gerhard L. Weinberg, The Foreign Policy of Hitler's Germany, Bd. 1: Diplomatic Revolution in Europe 1933–36, Bd. 2: Starting World War II 1937–1939, Chicago/London 1970 und 1980; Rainer F. Schmidt, Die Außenpolitik des Dritten Reiches, Stuttgart 2002.

Schlag den Deutschen beizubringen, daß ihnen Europa einen zweiten Griff nach der Herrschaft über den Kontinent nicht erlauben werde[2]. Aber in Paris fanden solche Ideen nicht den leisesten Widerhall. Wohl waren alle französischen Politiker entschlossen, nach dem schon 1932 von England, den USA und Deutschland durchgesetzten Ende der Reparationen wenigstens die Entwaffnungsbestimmungen und die territorialen Regelungen des Versailler Vertrags mit Zähnen und Klauen zu verteidigen, aber nur mit politisch-diplomatischen Zähnen und Klauen, nicht mit militärischen. Den Hintergrund der französischen Haltung skizzierte trefflich Paul Claudel, der als Dramatiker und Schriftsteller Weltruhm erlangte, damals indes als Botschafter in Brüssel amtierte. William C. Bullitt, der nach der Anerkennung der Sowjetunion durch die USA seit November 1933 als erster amerikanischer Botschafter in Moskau und ab 1936 als Missionschef in Paris wirkte, fragte Claudel Anfang 1934, was Frankreich denn tun werde, wenn Deutschland, ohne sich um die europäischen und globalen Abrüstungsbemühungen zu scheren, einfach weiter aufrüste. „Er antwortete, daß Frankreich gar nichts tun werde; Frankreich habe ein solches Vertrauen in seine neuen Befestigungen [Maginot-Linie], daß es überzeugt sei, es könne von Deutschland nicht angegriffen werden, und daß es, wenn Deutschland stark genug geworden sei, Frankreichs Verbündete zu attackieren, den deutschen Angriff erwarten und dann Deutschland aus der Hinterhand angreifen werde." Auf diese genaue Skizze der französischen Grundhaltung erwiderte Bullitt mit Recht, daß er darin eine Methode sehe, Deutschland die Herrschaft über den europäischen Kontinent zu überlassen. Claudel konnte ihn nur damit trösten, daß die französische Regierung schon wisse, wie gefährlich ihr Kurs sei, daß aber Frankreich „im Augenblick absolut pazifistisch" sei, daß nichts zu tun sei, als sich darauf zu verlassen, daß „Deutschland sich gewohnt idiotisch" verhalten und die Menschen Frankreichs wie ganz Europas „gegen sich aufbringen" werde[3]. Frankreich hatte in der Tat keine „Staatsmänner", und Hitler hätte sich um den westlichen Nachbarn Deutschlands nicht die geringsten Sorgen zu machen brauchen.

Sehr viel ernster war der Effekt, den die innere Umwandlung Deutschlands hatte. Die von der NS-Führung offiziell proklamierte

---

[2] Vgl. Hans Roos, Die „Präventivkriegspläne" Pilsudskis von 1933, in: VfZ 3 (1955), S. 344–363. Dazu aber Marian Wojciechowski, Die deutsch-polnischen Beziehungen 1933–1938, Leiden 1971.
[3] For the President. Personal and Secret. Correspondence between Franklin D. Roosevelt and William C. Bullitt, hrsg. von Orville H. Bullitt, New York 1972, S. 71f.

und praktisch sofort eingeleitete Außerkraftsetzung aller Ideale der Französischen Revolution stieß in sämtlichen europäischen Ländern wie auch in den USA auf schärfsten und nahezu einhelligen Protest. Mit Entsetzen beobachtete die nicht-deutsche Bevölkerung Europas und der Vereinigten Staaten einen unerhörten Vorgang: Wie in Deutschland, das trotz der hemmungslosen alliierten Propaganda während der Kriegsjahre selbstverständlich auch bei den ehemaligen Gegnern nach wie vor als eines der zivilisiertesten Länder der Welt galt, die parlamentarische Demokratie beseitigt, der Rechtsstaat böse lädiert und ein autoritär-terroristisches, in Ansätzen bereits totalitär-terroristisches Regime errichtet wurde[4]. Darüber hinaus weckte die vielfach mit brutalster Gewalt betriebene Judenverfolgung allenthalben Abscheu, ebenso die unverkennbar antichristliche Politik des Regimes, die sowohl die evangelische wie die katholische Kirche traf. Im Verein damit schuf die sofortige mentale Militarisierung der Nation bei den Nachbarn Deutschlands ein Klima der Furcht vor baldigen kriegerischen und expansionistischen Abenteuern Hitlers und seiner Genossen. Nach wenigen Monaten war die moralische (Selbst-)Ausgrenzung des Deutschen Reiches vollendet, und wenn sich auch daraus nicht unmittelbar eine Politik ergab, die gegen Deutschland gerichtet gewesen wäre, so konnte die Entwicklung doch eine Rolle als Geburtshelfer einer solchen Politik spielen. Die durchweg gut geleiteten diplomatischen Missionen Deutschlands lieferten der Berliner Zentrale ein ungeschminktes Bild von der psychologischen und geistigen Isolation des Reiches, doch nützte das wenig, da das Regime – von taktischen Konzessionen und Rückziehern abgesehen – gar nicht imstande war, von dem Gesetz abzuweichen, das ihm innewohnte und seine Entwicklung lenkte.

Als Mittel gegen die Gefahr, daß aus der moralischen Isolation des Dritten Reiches eine politische wurde, die vielleicht sogar zu gewaltsamen Aktionen gegen Deutschland führen konnte, fiel Hitler im Grunde nichts ein als Propaganda. Mochte er auch Aktionen französischer „Staatsmänner" befürchten, so witterte er doch, daß die dominierende politische Emotion der Nachbarvölker Deutschlands eine tiefe Friedensliebe war, die so stark angefacht werden konnte, daß politische Wirkung entstand. Daher hielt Hitler am 17.Mai 1933 im Reichstag eine Rede, die derart vor Friedensliebe triefte, daß ihr sogar die damals noch existierende SPD-Fraktion zu-

---

[4] Vgl. dazu z.B. die Berichte des britischen Botschafters in Berlin, Sir Horace Rumbold, an das Foreign Office, in: DBFP 1919–1939, Second Series, Bd.IV, etwa Nr.238, Nr.243 und Nr.259.

stimmte[5]. In den folgenden Wochen und Monaten beteuerten Hitler und seine Agitatoren so oft und so eindringlich die Friedfertigkeit des Deutschen Reiches, daß sich das Entsetzen nach der Machtübernahme des „Führers" tatsächlich zu einem vorerst nicht politisch aktivierbaren Mißtrauen abschwächte.

Hitler schuf so einen Schirm, hinter dem nicht allein die ersten Phasen der inneren Umwälzung – einschließlich der frühen Etappen der Aufrüstung – ungestört ablaufen durften, sondern auch jene provozierenden außenpolitischen Aktionen gelangen, auf die Hitler nicht verzichten wollte, obwohl sich das Reich noch im Zustand militärischer Ohnmacht befand. Erstens ging es darum, die multinationalen Bindungen abzustreifen, die die außenpolitische Bewegungsfreiheit des Reiches einengten. Zweitens mußte vermieden werden, daß sich das Deutsche Reich durch die Beteiligung an irgendwelchen Beschlüssen der in Genf tagenden Abrüstungskonferenz Zügel anlegen ließ. Als ihm die törichte und nicht allein von Hitler verschuldete Pariser Weigerung, Deutschland wenigstens eine etwas über Weimarer Verhältnisse hinausgehende militärische Stärke zuzugestehen, einen halbwegs vorzeigbaren Anlaß lieferte, löste er das Problem schon am 14. Oktober 1933 unbestraft einfach durch den Austritt Deutschlands aus dem Völkerbund und durch den deutschen Rückzug von der Abrüstungskonferenz. Unbestraft, ja. Aber mit beiden Akten erreichte Hitler immerhin, daß Deutschland der Grenze nahekam, die moralische Verurteilung von politischer Gegnerschaft gerade noch trennt.

In einem Fall steuerte Hitler das Deutsche Reich sogleich in ein Verhältnis politischer Feindschaft. Gewiß war es der NS-Führung aus innenpolitischen Gründen unmöglich, die spezielle Beziehung zur Sowjetunion aufrechtzuerhalten, die von der Weimarer Republik – im Zeichen deutscher und sowjetischer Polenfeindschaft – seit 1921 sorgsam gepflegt worden war[6]. Schließlich war den Nationalsozialisten die Macht nicht zuletzt auf Grund ihres radikalen Antikommunismus zugefallen. Und unmittelbar nach dem 30. Januar 1933 setzte dann auch ein erbarmungsloses Vorgehen gegen

---

[5] Vgl. Ursachen und Folgen. Vom deutschen Zusammenbruch 1918 und 1945 bis zur staatlichen Neuordnung Deutschlands in der Gegenwart. Eine Urkunden- und Dokumentensammlung zur Zeitgeschichte, hrsg. von Herbert Michaelis und Ernst Schraepler, Bd. X, Berlin o.J., S. 9.
[6] Vgl. Heinrich A. Winkler, Weimar 1918–1933. Die Geschichte der ersten deutschen Demokratie, München 1998; Hans Mommsen, Die verspielte Freiheit. Der Weg der Republik von Weimar in den Untergang, Frankfurt a.M. 1989; Klaus Hildebrand, Das vergangene Reich. Deutsche Außenpolitik von Bismarck bis Hitler 1871–1945, Stuttgart 1995.

die deutschen Kommunisten ein, das sich keineswegs auf politische Unterdrückung beschränkte, sondern überdies mit Mord arbeitete und zahlreiche Kommunisten in die gerade geschaffenen Konzentrationslager brachte. Kein Mitglied der NSDAP und erst recht kein Mitglied der SA, der die Hauptlast der bis Januar 1933 blutigen Kämpfe mit „Rotfront" zugefallen war, hätte es verstanden, wenn die deutsch-sowjetische Partnerschaft vom nationalsozialistischen Regime bruchlos fortgesetzt worden wäre.

Wenn er die guten Beziehungen zur Sowjetunion einschlafen ließ und durch Agitation gegen den „Herd der Weltrevolution" ersetzte, hatte der „Führer" jedoch auch außenpolitische Gründe. Mußte es nicht die Annäherung an England erleichtern – und darüber hinaus alle Staaten Mittel- wie Südosteuropas deutschfreundlicher oder doch weniger mißtrauisch stimmen –, wenn es gelang, das Dritte Reich als das große Bollwerk gegen die bolschewistische Flut auszugeben? Schon einige Jahre vor der Machtübernahme hatte sich Hermann Göring bei einem Besuch der britischen Botschaft in Berlin lebhaft über die kommende Rolle der NS-Führer als antisowjetische Deichgrafen ausgelassen[7]. Mit der deutsch-sowjetischen Partnerschaft konnte auch deren Kern verschwinden, nämlich die Polenfeindschaft, und dann mußte es überdies möglich sein, Polen von der sogenannten Kleinen Entente abzusprengen, also von der unter französischem Patronat stehenden und gegen die Revision der Pariser Friedensverträge gerichteten Allianz zwischen der Tschechoslowakei, Jugoslawien und Rumänien. Blieb das erste Ziel unerreicht, so kam Hitler seiner zweiten Absicht tatsächlich näher, zumal ihm das Polen des Marschalls Pilsudski, enttäuscht von der Passivität, mit der Frankreich auf die Machtübernahme der Nationalsozialisten reagiert hatte, aus eigener Initiative entgegenkam. Nach einigem diplomatischen Geplänkel wurde am 16. Januar 1934 ein deutsch-polnischer Nichtangriffspakt unterzeichnet, der Polen vom antideutschen Sicherheitssystem Frankreichs zu entfernen schien, andererseits Polen einen gewissen Schutz gegen den ordinären deutschnationalen Revisionismus versprach, der in erster Linie Westpreußen und Ostoberschlesien im Auge hatte. Eine „ungesunde Romanze" nannte Marschall Pilsudski die deutsch-polnische Verbindung[8], doch war der deutsche Partner immerhin kein preußischer Junker, sondern ein von deutschnationalen Emotionen und Zielsetzungen offenbar unabhängiger Österreicher.

---

[7] Vgl. DBFP 1919–1939, Second Series, Bd. II, Nr. 302.
[8] Archiv der Neuen Akten (Warschau), 24, R 306–309, Jozef Beck an Boleslaw Wienianwa-Dlugoszewski, 10.5.1939.

Sein polnisches Manöver brachte Hitler allerdings nicht den erhofften Erfolg. Pilsudski dachte gar nicht daran, die für Polens Sicherheit unentbehrliche Verbindung zu Frankreich und das lockere Verhältnis zur Kleinen Entente der neuen Freundschaft mit Deutschland zu opfern. Politischen Gewinn strich allein Polen ein, das beim Umgang mit seiner deutschen Minderheit zumindest für einige Jahre nicht mehr – wie zu Weimarer Zeiten – mit der unbequemen Einmischung des Deutschen Reiches konfrontiert war. Wie im Falle Südtirols ordnete Hitler auch hier vermeintliche nationalpolitische Interessen seinem mittel- und langfristigen Imperialismus unter, erwartete er doch, ein beruhigtes Polen als Komplicen für den Zug nach Osten anheuern zu können; spätestens seit 1935 suchte er die polnischen Führer mit dem Köder „Ukraine" ins Lager des deutschen Expansionismus zu locken. Pilsudski – er starb am 12.Mai 1935 – und seine Nachfolger blieben jedoch taub gegenüber den deutschen Sirenengesängen.

Auf die Herren im Kreml wirkte die deutsche Annäherung an Polen als deutlicher Hinweis auf antisowjetische Pläne des neuen deutschen Regimes. Es fehlte ja auch sonst nicht an Gründen für Argwohn. Nach dem 30.Januar 1933 wiesen sowjetische Spitzenfunktionäre die deutschen Diplomaten in zahlreichen Gesprächen auf jene Kapitel in „Mein Kampf" hin, in denen Hitler die Gewinnung von „Lebensraum" gepredigt hatte, und sie setzten, wie etwa Außenminister Litwinow am 9.Januar 1934, gerne hinzu, „es spreche nichts dafür, daß die Tendenz dieses Buches, das noch heute in immer neuer Auflage millionenweise verbreitet werde, aufgegeben sei"[9]. Sie zitierten auch die Schriften Alfred Rosenbergs und beschwerten sich darüber, daß Rosenberg Kontakt zu ukrainischen Separatisten habe. Wie sollten sie der Berliner Politik, so fragten sie, nicht mit größtem Mißtrauen begegnen, wenn im Kabinett Hitler als Vizekanzler Franz von Papen sitze, der schon im Juni 1932 auf der Reparationskonferenz von Lausanne dem französischen Ministerpräsidenten Herriot ein Militärbündnis gegen die Sowjetunion angeboten habe?

Um das Maß voll zu machen, beging Reichswirtschaftsminister Alfred Hugenberg schon Mitte Juni 1933 auf der Londoner Weltwirtschaftskonferenz eine ungewöhnliche Indiskretion. In einer Rede, die er zwar nicht hielt, deren Text er aber der Presse zukommen ließ, erklärte Hugenberg, als erster Schritt der neuen deutschen Außenpolitik sei die Erwerbung eines Kolonialreichs in Afrika vorgesehen, von dem aus Deutschland „in diesem ganzen [...]

---

[9] ADAP, Serie C, Bd. II/1, Nr. 171; zum folgenden vgl. ebenda.

Kontinent große Arbeiten und Anlagen" ausführen werde. „Der zweite Schritt wäre der, daß dem ‚Volk ohne Raum' Gebiete eröffnet würden, in denen es seiner tatkräftigen Rasse Siedlungsraum schaffen und große Werke des Friedens aufbauen könnte."[10] Nach einer derartigen Äußerung war Hugenberg nicht mehr ministrabel, und Hitler, dem vor allem die seinem Werben um England zuwiderlaufende kolonialistische Forderung mißfiel, konnte ihn zwei Wochen später in offener Kabinettssitzung zum Rücktritt zwingen. Hitler ergriff die Gelegenheit zur Abhalfterung Hugenbergs allerdings auch deshalb so schnell, weil er mit ihm den Führer der Deutschnationalen Volkspartei loswurde und so seine und der NSDAP Stellung gegenüber den deutschnationalen „Steigbügelhaltern" vom Januar 1933 erheblich verbessern konnte. Jedenfalls rief Hugenbergs Patzer die Sowjets auf den Plan. In Moskau verliefen Unterredungen zwischen dem stellvertretenden Außenminister Nikolaj Krestinski und dem deutschen Botschafter Herbert von Dirksen ebenso stürmisch wie in Berlin Gespräche zwischen dem sowjetischen Botschafter und Staatssekretär Bernhard von Bülow.

Doch hätten die sowjetischen Führer den Faden nach Berlin gerne intakt gehalten. Litwinow äußerte sich in diesem Sinne[11], vor allem aber nutzten die prominentesten sowjetischen Militärs jede Gelegenheit, um den deutschen Diplomaten in Moskau eindringlich zu versichern, wie sehr sie den schönen Tagen der Zusammenarbeit zwischen Reichswehr und Roter Armee nachtrauerten und daß einer Wiederkehr mitnichten ihr Gefühl, sondern lediglich die dumme Politik im Wege stehe. Was sie sagten, läßt den Schluß zu, daß Jegorow, der Generalstabschef der Roten Armee, und Offiziere wie Tuchatschewski oder Woroschilow der Reichswehr einen politischen Einfluß unterstellten, den sie nicht mehr besaß; auch für sich selbst sahen sie offenbar noch eine eigenständige Rolle im sowjetischen Machtapparat.

Es ginge freilich zu weit, daraus den Schluß zu ziehen, die Anklage der Konspiration zwischen Reichswehr und Roter Armee, mit der Stalin in der zweiten Hälfte der dreißiger Jahre die Streitkräfte der Sowjetunion „säuberte", habe also doch einen gewissen Realitätsgehalt gehabt. Was Jegorow, Tuchatschewski und Woroschilow – ein Vertrauter Stalins – angesichts der Auflösung der deutsch-sowjetischen Spezialbeziehung nach 1933 äußerten, entsprach ja nur

---

[10] ADAP, Serie C, Bd. I/2, Nr. 312; zum folgenden vgl. ebenda, Nr. 331, Nr. 335 und Nr. 338.
[11] Vgl. ADAP, Serie C, Bd. II/1, Nr. 171; zum folgenden vgl. ebenda, Nr. 47.

der Linie, die Stalin persönlich vorgab[12]. Kein Zweifel, daß die Deutschnationalen in Regierung und Auswärtigem Amt von den sowjetischen Avancen gerne Gebrauch gemacht hätten[13]. Noch im März 1933 hatte Staatssekretär von Bülow, nationaler Revisionist par excellence und mithin geschworener Gegner des nach 1918 entstandenen Polen, eine Denkschrift verfaßt, in der er sich scharf gegen einen Bruch mit der Sowjetunion und eine Verständigung mit Polen aussprach[14]. Mit Abscheu sah er zu, wie eben das von den neuen Herren betrieben wurde. Andere Revisionisten sprachen sogar von „Verrat"[15]. Aber auch der Reichsaußenminister, Freiherr von Neurath, gab im November 1933, als Dirksen in Moskau von Rudolf Nadolny abgelöst wurde, dem neuen Botschafter eine Instruktion mit, in der davon die Rede war, daß ein gutes deutsch-sowjetisches Verhältnis erwünscht, mit dem Blick auf Polen sogar „von außerordentlicher Wichtigkeit" sei[16]. Stoff, in solchem Sinne Politik zu machen, erhielt Nadolny jedoch nicht. Zu diesem Zeitpunkt waren Hitler und Pilsudski schon längst dabei, die Noten für ihre „ungesunde Romanze" abzustimmen, und Neuraths schwächlicher Versuch zeigte nur, daß das Auswärtige Amt bereits jeden Einfluß auf die deutsche Außenpolitik verloren hatte. Daß der Berliner Vertrag von 1926 im Mai 1933 noch einmal verlängert worden war, erwies sich mehr und mehr als leere Geste.

Die sowjetischen Führer beließen es freilich nicht dabei, den Deutschen hinterherzulaufen. Mit einer Kette von Nichtangriffspakten suchte Moskau seine Westgrenze zu entlasten und seinerseits das Verhältnis zu Polen zu bessern. Ein Grund dafür war gewiß der

---

[12] Vgl. Gustav Hilger, Stalin. Aufstieg der UdSSR zur Weltmacht, Göttingen 1959, S. 65f.
[13] Vgl. Hermann Graml, Europas Weg in den Krieg. Hitler und die Mächte 1939, München 1990, S. 245ff.
[14] Vgl. Günter Wollstein, Eine Denkschrift des Staatssekretärs Bernhard von Bülow vom März 1933. Wilhelminische Konzeption der Außenpolitik zu Beginn der nationalsozialistischen Herrschaft, in: Militärgeschichtliche Mitteilungen 1973, H. 1, S. 77–94; Peter Krüger/Erich Hahn, Der Loyalitätskonflikt des Staatssekretärs Bernhard Wilhelm von Bülow im Frühjahr 1933, in: VfZ 20 (1972), S. 376–410. Bülow hatte auch dem Botschafter in Moskau, Herbert von Dirksen, am 6.2.1933 noch zuversichtlich geschrieben: „Ich glaube, man überschätzt dort [in Moskau] die außenpolitische Tragweite des Regierungswechsels. Die Nationalsozialisten in der Regierungsverantwortung sind natürlich andere Menschen und machen eine andere Politik als sie vorher verkündigt haben. Das ist immer so gewesen und bei allen Parteien dasselbe." PA/AA, R 29518.
[15] Graml, Europas Weg in den Krieg, S. 245ff.
[16] ADAP, Serie C, Bd. II/1, Nr. 66.

Druck, den im Fernen Osten Japan auf sowjetische Interessengebiete auszuüben begann und der offensichtlich näher und näher an den militärischen Konflikt heranführte. Ausschlaggebend war aber Stalins Wunsch, den anscheinend abenteuerlustig werdenden Deutschen potentielle Bundesgenossen in Ost- und Südosteuropa abspenstig zu machen. Stalin, der in der UdSSR mittlerweile die Außenpolitik ebenso einsam bestimmte wie in Deutschland Hitler, ging jedoch unverzüglich einen Schritt weiter. Noch 1933 fing die sowjetische Diplomatie an, in Paris für ein sowjetisch-französisches und in Prag für ein sowjetisch-tschechoslowakisches Bündnis zu werben. Es dauerte eine Weile, bis diese Anstrengungen Wirkung zeitigten, da anfänglich namentlich in Paris kaum ein nichtkommunistischer Politiker Geschmack an einer politischen Ehe mit den Bolschewiki fand. Aber die deutsche Gefahr brachte die „strange bedfellows" alsbald doch zusammen. Die französische Regierung erreichte, daß die Sowjetunion, um die Allianzen mit Paris und Prag der Satzung des Völkerbunds anpassen und dem System der kollektiven Sicherheit eingliedern zu können, am 18.September 1934 in den Völkerbund eintrat; die Bündnisse selbst folgten im Mai 1935.

Allerdings zeigte sich rasch, daß die Verträge ohne politische Substanz und vor allem militärisch folgenlos blieben, auch wenn die nationalsozialistische Propaganda das Gegenteil behauptete. Ein amerikanischer Beobachter erfaßte im April 1935 den Unterschied zwischen propagierter Stimmung und Wirklichkeit: Als er in Paris an einem Nachmittagstreffen teilnahm, bemerkte William Bullitt, wie André Geraude, als „Pertinax" Leitartikler des „Echo de Paris", und Wladimir Potemkin, der sowjetische Botschafter in Frankreich, auf einem großen Stuhl beisammen saßen, jeder den Arm um die Schultern des anderen gelegt, und ganz vertraulich miteinander flüsterten. „Insofern es", so schrieb er Präsident Roosevelt, „kein menschliches Wesen gibt, das die Sowjetunion tiefer haßt als Pertinax, und niemand, dem die sowjetische Regierung mehr mißtraut als Pertinax [...], scheint mir der Anblick ein gutes Beispiel für die Unwirklichkeit all der diplomatischen Kombinationen zu sein, die derzeit [in Europa] versucht werden."[17] Immerhin konnte es einen Augenblick lang so aussehen, als sei es der Sowjetunion und Frankreich – mit der Tschechoslowakei im Gefolge – gelungen, das französisch-russische Bündnis zu restaurieren, das 1914 funktioniert hatte. Hitler freilich nahm solche Manöver mit Recht nicht ernst.

Aber wenn Hitler den Bruch mit Rußland als unvermeidlich ansah und ihn um der ersehnten Freundschaft mit England willen

---

[17] For the President, S.103.

bereits in der Frühphase seiner Herrschaft für richtig hielt, so mußte es ihn doch tief verstören und im Hinblick sowohl auf seine längerfristigen wie auf seine nächsten Vorhaben ratlos stimmen, daß die Verwirklichung seiner bündnispolitischen Konzeption alsbald dort zu scheitern drohte, wo er leichtes Spiel zu haben geglaubt hatte. Angesichts der ideologisch-politischen Verwandtschaft zwischen italienischem Faschismus und deutschem Nationalsozialismus hatte Hitler Grund zu der Annahme, sofern er auch als Reichskanzler beim Verzicht auf Südtirol bleibe, sei es kein Problem, das gewünschte Bündnis zustande zu bringen. Als es Ende der zwanziger und Anfang der dreißiger Jahre häufiger zu Treffen zwischen führenden Nationalsozialisten und Männern aus der Umgebung Mussolinis gekommen war, hatten diese Gespräche, so schien es Hitler, nichts ergeben, was auf besondere Schwierigkeiten hingedeutet hätte. Zwar hatte der „Duce" mitunter die Neigung an den Tag gelegt, auf die Nachbarn Italiens und Deutschlands wie auch auf das Ruhebedürfnis Europas Rücksicht zu nehmen[18]. Aber die Nationalsozialisten hatten dem nicht genügend Aufmerksamkeit geschenkt und aufkeimenden Argwohn mit dem Argument beschwichtigt, daß Mussolini sich nicht mit Leuten kompromittieren wolle, die noch gar nicht an der Macht seien.

Die ersten Monate nach der Machtübernahme ließen sich denn auch hoffnungsvoll an. Es versteht sich, daß der „Duce" die Beseitigung des liberaldemokratischen Parlamentarismus und die Etablierung der Herrschaft einer faschistischen Partei mit Zustimmung verfolgte[19]. So waren aus Rom anfänglich nur wohlwollende Töne zu vernehmen. Auch auf internationalem Felde schien das faschistische Italien dem nationalsozialistischen Deutschland sozusagen kameradschaftlich unter die Arme greifen zu wollen. Kurz nach der Machtübernahme schlug Mussolini vor, die vier europäischen Großmächte, Großbritannien, Frankreich, Deutschland und Italien, sollten einen Pakt schließen, der sie so eng verbinde, daß es ihnen möglich sei, die europäischen Streitfragen schiedlich und friedlich

---

[18] So in der Krise um das Projekt einer deutsch-österreichischen Zollunion; vgl. Hermann Graml, Zwischen Stresemann und Hitler. Die Außenpolitik der Präsidialkabinette Brüning, Papen und Schleicher, München 2001, S. 89ff.
[19] Vgl. Goebbels, Tagebücher, Teil I, Bd. 2/III, S. 196f. Zu Mussolini und Hitler vgl. auch Hans Woller, Machtpolitisches Kalkül oder ideologische Affinität? Zur Frage des Verhältnisses zwischen Mussolini und Hitler vor 1933, in: Wolfgang Benz/Hans Buchheim/Hans Mommsen (Hrsg.), Der Nationalsozialismus. Studien zur Ideologie und Herrschaft. Hermann Graml zum 65. Geburtstag, Frankfurt a. M. 1993, S. 42–63.

zu regeln. Der Vertrag, der am 15. Juli 1933 tatsächlich unterzeichnet wurde, war Deutschland in doppeltem Sinne nützlich: Erstens behandelten drei europäische Großmächte das eben etablierte NS-Regime als gleichberechtigten Partner, die Umwälzung selbst als innere Angelegenheit der Deutschen. Ein halbes Jahr nach der Machtübernahme sahen sich also Hitler und seine Genossen als die legitimen Herren Deutschlands international anerkannt. Mithin war äußerst unwahrscheinlich geworden, daß Präventivkriegs-Pläne in die Nähe ernsthafter politischer Überlegung gelangten.

Doch erschien der Viermächtepakt Hitler wie Mussolini noch in einer dritten Hinsicht als nützlich. Obwohl es der französischen Regierung gelang, einen Vertragstext durchzusetzen, der den Pakt auf dem Papier mit Völkerbund und kollektiver Sicherheit halbwegs verträglich machte, wäre die Vereinbarung auf eine erhebliche Beschädigung der Kompetenzen des Völkerbunds und seines Ansehens hinausgelaufen. Das war nun nicht der Fall. Der Pakt hatte seine momentanen Effekte, versackte dann aber in endlosen Ratifizierungsverhandlungen. 1933 jedoch durften Mussolini und Hitler mit der Augenblickswirkung des Viermächtepakts zufrieden sein, und Nationalsozialisten wie Faschisten hofften auf den eigentlichen Beginn fruchtbarer Zusammenarbeit. Ende Mai 1933 kam Joseph Goebbels, frischgebackener Reichspropagandaminister, nach Rom: sozusagen erste offizielle Fühlungnahme der neuen Leute in Berlin mit den älteren italienischen Brüdern. Goebbels brachte nicht nur einen tiefen Eindruck von der Persönlichkeit Mussolinis nach Hause, sondern auch dessen Abschiedsworte: „Sagen Sie Hitler, daß er sich auf mich verlassen kann. Ich gehe mit ihm durch dick und dünn."[20]

Wenn Goebbels und Hitler einen solchen Satz wörtlich genommen haben sollten, dann stellten sie nicht genügend in Rechnung, daß sich hinter Mussolinis faschistischer Theatralik viel Zögern und Unentschlossenheit verbarg, auch eine Scheu vor unkalkulierbaren Risiken. Jedenfalls überraschte es in Berlin, daß Deutschlands Austritt aus dem Völkerbund und das Verlassen der Genfer Abrüstungskonferenz keineswegs die Billigung des Freundes in Rom fanden, vielmehr auf dessen scharfe Kritik stießen. Gewiß war den Berlinern eine jener Tolpatschigkeiten passiert, die in politischen Zusammenhängen oft heftigen Ärger verursachen. Das Auswärtige Amt hatte den deutschen Botschafter in Rom, Ulrich von Hassell, zu spät und außerdem nur unvollständig über die deutschen Schritte informiert; das führte notwendigerweise dazu, daß Mussolini ebenfalls nicht

---

[20] Goebbels, Tagebücher, Teil I, Bd. 2/III, S. 197.

vorab unterrichtet wurde[21], wonach er denn auch allein schon deshalb aufgebracht reagierte, zumal ihn die deutsche Handlungsweise an eine ähnliche Brüskierung durch den damaligen Reichsaußenminister Julius Curtius erinnern mußte, als es im März 1931 um die deutsch-österreichische Zollunion ging[22]. Jedoch verriet Mussolinis Kritik auch, daß es zwischen „Duce" und „Führer" nicht nur Unterschiede in Temperament und sonstigen persönlichen Eigenschaften gab, sondern sehr wohl auch in der Methodik und Zielsetzung ihres politischen Handelns.

Hitler beabsichtigte mit der Lösung aus internationalen Verflechtungen mehr als die Wiedergewinnung der außenpolitischen Aktionsfreiheit einer Großmacht und mehr als die Ermöglichung der deutschen Aufrüstung; die beiden Schritte sollten nur taktische Nahziele im Dienste einer künftig totalen Abkehr von der europäischen Zivilisation erreichen. Mussolini war von solcher Denkweise weit entfernt. Er glaubte, seine Absichten, auch und gerade seine imperialistischen Absichten, in Zusammenarbeit oder doch ohne offenen Konflikt mit den übrigen europäischen Mächten verwirklichen zu können, wozu ihm – nebenbei bemerkt – auch das militärische Potential gefehlt hätte. Sein Imperialismus war altmodisch im Geiste des europäischen Imperialismus, wie er bis 1914 mit Selbstverständlichkeit die Politik aller Staaten bestimmt hatte. In der Außenpolitik war der „Duce" sozusagen ein Reaktionär, in seinem eigenen Verständnis sogar ein gemäßigter Reaktionär, wie seine Bereitwilligkeit gezeigt hatte, Frankreichs Wunsch zu erfüllen und den Viermächtepakt dem System des Völkerbunds wenigstens formal einzupassen. So mißfiel ihm an Hitlers Vorgehen nicht allein die dilettantische Abruptheit und eine leichtfertige Risikobereitschaft; er spürte in Berlin einen Geist am Werke, der zur Absage an jede Tradition europäischer Gesittung und Politik entschlossen schien. So mußte Ulrich von Hassell am 22. Oktober 1933 nach Berlin melden, Mussolini sei über den Austritt „sehr erregt", bedaure den Schritt „aufs äußerste"[23], und am 25. Oktober schrieb der Botschafter, den Goebbels bei seinem Rom-Besuch als „begeisterungslose[n] Spießer" erlebt hatte[24], an Außenminister Neurath: „Daß Mussolini durch den Austritt [...] schwer gereizt ist, steht fest."[25]

---

[21] Vgl. ADAP, Serie C, Bd. II/1, Nr. 4 und Nr. 18.
[22] Vgl. Graml, Zwischen Stresemann und Hitler, S. 103f.
[23] ADAP, Serie C, Bd. II/1, Nr. 18.
[24] Goebbels, Tagebücher, Teil I, Bd. 2/III, S. 195.
[25] ADAP, Serie C, Bd. II/1, Nr. 28; zum folgenden vgl. ebenda, Nr. 40 und Nr. 50.

Hitler verfaßte am 2.November einen um Nachsicht bittenden Brief an den „Duce", und in den folgenden Tagen erschien Göring mit der gleichen Absicht in Rom. Gleichwohl machte Mussolini klar, daß er sich mit wesentlichen Elementen der Berliner Außenpolitik nicht anfreunden könne. Allem Anschein nach hielt er die Führer der NS-Bewegung immer noch für besonders rabiate nationalistische Revisionisten, nur eben lärmender und bedenkenloser als die bürgerlich-nationalen deutschen Revisionisten vom Schlage Neuraths, den er ja als Botschafter des Reiches in Rom gut kennengelernt hatte; so mochten sie Angst und Schrecken in Europa verbreiten und Italien in die Lage versetzen, als ein in London und Paris willkommener Bundesgenosse gegen Berlin bei den eigenen imperialistischen Vorhaben eine große europäische Konflagration zu vermeiden.

Ohne ein solches Kalkül und bei klarer Einsicht in die weitreichenden Pläne Hitlers wäre schon die herbe Verurteilung des deutschen Austritts aus dem Völkerbund nicht zu verstehen, erst recht nicht, daß der „Duce" eine Verbesserung der deutsch-sowjetischen Beziehungen als „dringend wünschenswert" ansah und dies den „Führer" im Dezember 1933 wissen ließ[26]. Im gleichen Monat schickte Mussolini den Staatssekretär im römischen Außenministerium, Fulvio Suvich, nach Berlin, der dort seine deutschen Gesprächspartner sogar allen Ernstes ermahnte, sich wieder an Abrüstungsverhandlungen zu beteiligen; schließlich habe Frankreich Entgegenkommen bewiesen, und Engländer wie Franzosen seien doch „sehr beunruhigt", daß man in Deutschland aus SA und SS quasi staatliche Organisationen gemacht habe. Am 13.Dezember 1933 suchte Suvich den Reichskanzler persönlich davon zu überzeugen, daß es notwendig sei, bei der Aufrüstung etappenweise vorzugehen. Außenminister Neurath notierte lapidar: „Der Kanzler lehnte dies ab." Nach Rom zurückgekehrt, berichtete Suvich, die deutsche Haltung sei „molto rigido", und Mussolini begann sich der Gedanke aufzudrängen, daß das nationalsozialistische Deutschland ein zumindest problematischer Komplice sein dürfte und er sich um die britisch-französische Zustimmung zu eigenen Abenteuern wohl besser ohne deutsche Unterstützung bemühen sollte.

Zu diesem Versuch lieferte Hitler prompt einen weiteren Anlaß – und gleich auch noch die Erfolgschance. Zwar hellte sich der Himmel über dem deutsch-italienischen Verhältnis rasch wieder auf. Mussolini versüßte die zäh aufrechterhaltene Forderung nach der

---

[26] Ebenda, Nr.130; die folgenden Zitate und Belege finden sich im selben Band, Nr.120, Nr.126, Nr.145 und Nr.164.

Rückkehr Deutschlands in den Völkerbund mit dem Zusatz, daß Deutschland natürlich nur in einen reformierten Völkerbund zurückkehren solle; in der Genfer Einrichtung müsse als eine Art Leitorgan das „Konzert der Großmächte" – Großbritannien, Frankreich, Deutschland und Italien – institutionalisiert werden. Über eine Wiederbelebung des Viermächtepakts zu verhandeln, lehnte Berlin nicht rundweg ab; Gespräche über derartige Projekte verschafften Zeit, waren als diplomatische Abschirmung der mittlerweile angelaufenen Aufrüstung durchaus brauchbar. Aber kaum hatte sich die Atmosphäre ein wenig gebessert, tauchte eine weit gefährlichere Störung auf. Wie sollten Deutschland und Italien mit dem Problem Österreich umgehen, ohne daß zwischen den beiden Mächten Feindschaft entstand? Alsbald zeigte sich, daß die deutschen Ambitionen, also der Anschluß Österreichs an Deutschland, nicht verwirklicht werden konnten, solange Italien eine relativ selbständige Außenpolitik zu verfolgen vermochte und das Deutsche Reich noch in einem Zustand militärischer Schwäche verharrte, daß mithin jeder Versuch Berlins, trotz solcher Bedingungen dem Anschluß näher zu kommen, zum Zerwürfnis führen mußte.

Hitler hatte, wenn er für den Anschluß Österreichs die italienische Zustimmung als notwendig befand[27], anscheinend wenig darüber nachgedacht, wie denn diese Zustimmung zu erreichen sei, sondern einfach angenommen, daß Deutschland und Italien sich über Österreich unschwer verständigen würden, wenn nur Italien der Besitz Südtirols garantiert werde. Wie 1931 Reichsaußenminister Julius Curtius, der damals eine Zollunion zwischen Deutschland und Österreich durchsetzen wollte und mit seinem Vorhaben nicht zuletzt am italienischen Widerstand scheiterte, hatte auch Hitler – zunächst – nicht begriffen, daß Rom ein vitales Interesse an einem selbständigen Österreich hatte. Verschwand das Sperrfort Österreich, war der potentiell so sehr überlegenen Macht im Norden ja der Weg zur bedenklichen unmittelbaren Nachbarschaft und außerdem das Tor zur wirtschaftlichen wie politischen Vorherrschaft in Südosteuropa geöffnet.

Als sich nun 1933/34 herausstellte, daß die Dinge mit Italien sich überhaupt nicht so einfach entwickelten, wie man vorher gedacht hatte, begann sich Hitler in der österreichischen Frage etwas vorsichtiger zu bewegen. Wie immer ging er, da er sich stets von den taktischen Aspekten einer Lage völlig beherrschen ließ und überdies unter einem totalen Mangel an Verständnis für den Effekt von Zusagen oder Versprechen litt, sogleich zu weit. So sagte er im

---

[27] Vgl. Hitler, Sämtliche Aufzeichnungen 1905–1924, S. 728.

Dezember 1933 zu Suvich, der Anschluß Österreichs sei „für uns keineswegs akut oder auch nur begehrenswert"; schließlich bringe er „unerträgliche finanzielle Belastungen" mit sich[28]. Solch faustdicke Lügen aufzutischen, war nicht nur eine Frechheit, sondern zugleich eine die Urteilskraft der Italiener kränkende Dummheit. Von Berliner Absichten ganz abgesehen, entfalteten aber die österreichischen Nationalsozialisten eine ständig lebhafter werdende und allem Anschein nach auf die gewaltsame Machtübernahme zusteuernde Aktivität, und schon deren Erfolg hätte eine Gleichschaltung Österreichs mit dem Deutschen Reich bedeutet, wie sie für Italien nicht hinnehmbar sein konnte. Überdies waren jedoch die österreichischen Nationalsozialisten offensichtlich von Führern dirigiert, die vom Reichsgebiet aus operierten, offensichtlich von reichsdeutschen Stellen finanziert und offensichtlich von einem sich im Hintergrund haltenden Hitler angefeuert. Wahrscheinlich hätte Hitler einen schweren Prestigeverlust in den eigenen Reihen erlitten, wäre er vor einer Unterstützung seiner österreichischen Anhänger zurückgeschreckt, doch war für ganz Europa – nicht zuletzt für Mussolini – klar zu sehen, daß ihn eigene Neigung und die Verkennung der italienischen Interessen dazu brachten, sich in der österreichischen Frage weiter locken zu lassen, als er es sich leisten konnte. Nicht daß Mussolini an der Selbsttäuschung des deutschen Diktators unschuldig gewesen wäre. Er selbst und andere faschistische Spitzenfunktionäre wechselten von einer eindeutigen Ablehnung des Anschlusses gelegentlich zu der vagen Formel, man könne ja irgendwann in der Zukunft darüber nachdenken[29].

An diesen Unklarheiten änderte es nichts, daß Bundeskanzler Engelbert Dollfuß Österreich 1933 in einen klerikal-faschistischen Staat umwandelte, in dem die gesamte Linke politisch ausgeschaltet war, andererseits aber auch die Nationalsozialisten von der Macht ferngehalten und bekämpft wurden[30]. Der Appetit Hitlers auf Österreich war ja ebensowenig von den inneren Verhältnissen des Landes abhängig wie Mussolinis Rolle als Protektor der Selbständigkeit Wiens. Jedoch ergab sich insofern eine Zuspitzung der Lage, als die österreichischen Nationalsozialisten unter dem Druck des Dollfuß-Regimes zu wütendem Widerstand aufgereizt wurden und allmäh-

---

[28] ADAP, Serie C, Bd. II/1, Nr. 126.
[29] So Hassell an den Landesinspekteur der NSDAP für Österreich, Theo Habicht, am 28.12.1933; ADAP, Serie C, Bd. II/1, Nr. 153.
[30] Vgl. Günter Bischof (Hrsg.), The Dollfuß-Schuschnigg era in Austria: a reassessment, New Brunswick u.a. 2003; Jürgen Gehl, Austria, Germany and the Anschluß 1931–1938, London 1963.

lich zu terroristischen Aktionen übergingen. Mehr denn je war die Annahme berechtigt, daß auch der Terrorismus den Beifall und die Unterstützung zumindest von Teilen der NS-Führung finde. Österreich brauchte also jetzt erst recht den italienischen Schutz, und dem Anschein nach bekam es ihn auch: Man wußte, daß Dollfuß und Mussolini eine Art Freundschaft verband, und am 17. März 1934, in den sogenannten „Römischen Protokollen", erklärte sich der „Duce" einmal mehr zum Beschützer der österreichischen Unabhängigkeit. Dennoch hörten römische Politiker nicht auf, den Deutschen mit der Hoffnung auf zukünftiges Entgegenkommen zu winken.

Trotz solch spannungsvoller Atmosphäre gelang es dem deutschen Vizekanzler, Franz von Papen, die erste persönliche Zusammenkunft der beiden Diktatoren zu arrangieren[31], die dann am 14./15. Juni 1934 in Venedig stattfand. Wie schlecht die Voraussetzungen waren, zeigte ein Gespräch Mussolinis mit Botschafter von Hassell, in dem der „Duce" die Tätigkeit Theo Habichts, des Landesinspekteurs der österreichischen NSDAP, schärfstens kritisierte, während auf der anderen Seite Hitler eben diesem Habicht sagte, „ein Nachgeben in der österreichischen Frage käme für ihn nicht in Betracht"; er „denke vor allem nicht daran, einem Druck Italiens zu weichen" und den Eindruck einer Preisgabe der österreichischen NSDAP zu erwecken. Vittorio Cerruti, der italienische Botschafter in Berlin[32], faßte mit Recht zusammen, die deutsch-italienischen Beziehungen seien „so schlecht geworden wie seit vielen Jahren nicht".

Daß die Begegnung gleichwohl in einem relativ freundlichen Geiste endete, lag daran, daß die beiden Diktatoren im persönlichen Gespräch nicht den Mut zu Wahrheit und Klarheit fanden. Nach ihrem ideologischen Selbstanspruch hätten Hitler und Mussolini die Situation mit großer, historischer Geste bereinigen müssen, zumal beide das erste Treffen gerne als Auftakt zu einem Bündnis gesehen hätten. Da die österreichische Frage aber existierte, mußte die historische Geste ausbleiben. Sollte der Moment nicht durch ein endgültiges Zerwürfnis in der österreichischen Frage ruiniert werden, mußten sich beide Diktatoren so undeutlich und widerspruchsvoll äußern, daß ihre Debatten wohl einigermaßen freundlich, jedoch ohne eindeutige Vereinbarung, ja ohne zulängliches

---

[31] Vgl. ADAP, Serie C, Bd. II/2, Nr. 377; die folgenden Belege und Zitate finden sich ebenda, Nr. 278, Nr. 409 und Nr. 282.
[32] Zu Vittorio Cerruti vgl. Gianluca Falanga, Mussolinis Vorposten in Hitlers Reich. Italiens Politik in Berlin 1933–1945, Berlin 2008, S. 11–64.

Verständnis blieben. Versicherte Hitler dem „Duce", daß ihn der Anschluß nicht interessiere, so wollte er doch dargetan haben, daß Dollfuß durch eine „neutrale, d.h. parteipolitisch nicht gebundene Persönlichkeit" ersetzt werden müsse; überhaupt gab „der Reichskanzler [...] als seinen Wunsch zu erkennen [...], daß Mussolini seine bisher über Österreich gehaltene schützende Hand wegziehe". Mussolini hörte heraus, daß Deutschland auf den Anschluß verzichte, daß Dollfuß – zumindest vorläufig – bleiben könne und daß die österreichischen Nationalsozialisten künftig terroristische Aktionen unterlassen würden. Die Diktatoren brachten nicht die Kraft auf, die Unterschiede zwischen den zwei Versionen aufzuklären. So verständigten sie sich schließlich auf die Leerformel, daß die deutsch-italienischen Beziehungen enger ausgestaltet werden sollten und daß Österreich dafür kein Hindernis sein dürfe. Mussolini hatte freilich noch andere Stolpersteine erwähnt: nämlich Deutschlands Verhältnis zum Völkerbund und die allzu ehrgeizige deutsche Aufrüstung, auch die Kirchen- und die Judenpolitik des NS-Regimes. Solche Dinge nahm Hitler allerdings nicht als ernsthafte Hindernisse wahr[33]. Man trennte sich friedlich.

Um so bestürzter war Mussolini, als Hitler vierzehn Tage nach dem Treffen von Venedig den Stabschef der SA, Ernst Röhm, einen großen Teil der höheren SA-Führer und zahlreiche weitere mißliebige Personen ermorden ließ. Selbst nicht gerade das Muster eines skrupulösen Politikers, mußte sich Mussolini nach dieser Gangster-Aktion doch die Frage stellen, mit welchen Leuten er sich da einlassen wollte. Die Frage wurde ebenso bedrängend wie dringlich, als sich in den Wochen nach Venedig überdies herausstellte, daß die österreichischen Nationalsozialisten ihre terroristischen Aktivitäten noch steigerten und offensichtlich nach wie vor Unterstützung aus dem Reich erhielten. Der „Duce" gewann die Überzeugung, Hitler sei dabei, die Übereinkunft von Venedig, so vage sie war, zu brechen; er glaubte sich persönlich herausgefordert und begann an härtere politische Reaktionen zu denken. Die Stunde dafür kam, als der nationalsozialistische Terrorismus in Österreich bereits am 25. Juli 1934 in einen Putschversuch mündete, der zwar höchst dilettantisch organisiert war und mühelos niedergeschlagen wurde, in dessen Verlauf es aber zur Ermordung von Dollfuß kam. Noch am 5. Juli hatte Mussolini mit Hassell über einen bevorstehenden Besuch seines Freundes Dollfuß in Rom gesprochen und, als Hassell meinte, es sei zu begrüßen, daß der Österreicher vom

---

[33] Vgl. ADAP, Serie C, Bd. III/1, Nr. 5; das folgende nach ebenda, Nr. 100, Nr. 125 und Nr. 62 (Zitat).

„Duce" über die Ergebnisse von Venedig unterrichtet werde, hinzugefügt, das sei schon richtig, doch könne er bei der derzeitigen Lage in Österreich Dollfuß nicht zu Verhandlungen mit den österreichischen Nationalsozialisten raten: „Keiner Regierung der Welt könne man zumuten, unter solcher Pression zu verhandeln." Das Land brauche einige Monate Ruhe, und die terroristischen Aktionen müßten abgeblasen werden. Und jetzt das! Suvich lehnte es ab, Hassell zu empfangen, und die Gegend nördlich von Bozen bis zum Brenner füllte sich mit mindestens zwei italienischen Divisionen[34].

Ernster war jedoch, daß der „Duce" sogleich den britischen wie den französischen Botschafter kommen ließ und offenkundig eine noch wenige Wochen zuvor unvorstellbar scheinende Absicht zu verwirklichen gedachte, nämlich eine direkt gegen Deutschland gerichtete italienisch-französische Annäherung. Monate später übersandte Hassell dem Auswärtigen Amt eine Skizze der deutsch-italienischen Beziehungen, die auch schon für den Sommer 1934 zutraf. Darin schrieb er den neuen Machthabern in Berlin ins Stammbuch, daß ihre „Habicht-Politik" gegenüber Österreich verfehlt gewesen sei, daß sie Mussolini beim Austritt aus dem Völkerbund falsch behandelt hätten und daß es ihre Aufgabe gewesen wäre, sich mit dem „Duce" über eine gemeinsame deutsch-italienische Wirtschaftspolitik in Südosteuropa zu verständigen; auch in der übereilten deutschen Aufrüstung sehe man in Rom jetzt eine Gefahr für sich selbst. Hätten die Faschisten den Sieg des Nationalsozialismus anfänglich begrüßt, so seien sie nun kritisch und ablehnend. Habe Mussolini bislang für die Revision der Friedensverträge von 1919/21 gearbeitet, so müsse nun sein Einschwenken in „die konservative Front der Verteidiger von Versailles" konstatiert werden[35]. Im gleichen Sinne hatte der ungarische Ministerpräsident Julius Gömbös die „Achse" Berlin-Rom – ein von ihm bereits 1924 geprägter Begriff[36] – in tiefer Enttäuschung als „gesprungen" beklagt[37].

Berlin reagierte auf den italienischen Kurswechsel mit einem eigentümlichen Gemisch aus Empörung, Ängstlichkeit und der demonstrativen Aufkündigung einer noch gar nicht bestehenden Spezialbeziehung. Begleitet von einer anti-italienischen Pressekampagne, die sich durch schrille Töne ebenso auszeichnete wie durch

---

[34] Theo Kordt, damals im Büro des Staatssekretärs, vermerkte am 27.7.1934, daß an die 11.italienische Infanteriedivision (Sterzing) scharfe Munition ausgegeben worden sei; ADAP, Serie C, Bd. III/1, Nr. 128.
[35] ADAP, Serie C, Bd. IV/1, Nr. 61.
[36] Vgl. Graml, Zwischen Stresemann und Hitler, S. 136f.
[37] ADAP, Serie C, Bd. III/2, Nr. 310.

dumme Argumente, erhob man in Deutschland wie 1915 den Vorwurf des „Verrats" gegen Italien. Vergeblich machte Hassell darauf aufmerksam, daß zwischen dem Reich und Italien keine Vereinbarung existiert habe – gerade auch bei dem Treffen in Venedig sei keine zustande gekommen – und daß mithin von „Verrat" keine Rede sein könne; die Formel sei „echter Ausdruck deutscher gefühlsmäßiger Betrachtungsweise"[38]. Wenn Hitler die Memoranden Hassells gelesen haben sollte, machten sie jedenfalls keinen Eindruck auf ihn. Da er gerade im Juli 1934 besonders intensiv von „Deutschland als Herr[n] der Welt" träumte[39] und der Weg dorthin, wie er geglaubt hatte, nicht ohne die Allianz mit Italien eingeschlagen werden konnte, traf ihn der angebliche italienische „Verrat" sehr hart. Die Meinung seines „Führers" wiedergebend, doch zugleich die Freude darüber verratend, daß er endlich wieder über die Italiener lästern durfte, notierte Goebbels am 30. Juli 1934: „Es ist aus mit Italien. Die alte Treulosigkeit. Der Führer ist innerlich fertig damit. [...] Er hat mit Rom endgültig gebrochen. [...] Entscheidende Wendung. Besser Treulosigkeit jetzt als in einem Kriege."

Hitler versuchte, eine Art Ausweg zu finden und begann Jugoslawien als Bündnispartner ins Auge zu fassen. Nun reichte Jugoslawiens politisches und militärisches Gewicht aber nicht an das Italiens heran. Davon abgesehen, bildete Jugoslawien zusammen mit der Tschechoslowakei und Rumänien die sogenannte Kleine Entente, gehörte also zum französischen Verteidigungssystem um die Pariser Friedensverträge. Daß Deutschland bei einer Annäherung an Belgrad Ungarn „verraten" mußte, den revisionistischen Staat par excellence, bemerkte Hitler durchaus, doch scheint ihm das keine Skrupel bereitet zu haben; ob „Verrat" erlaubt oder zu verdammen war, hing für ihn nur davon ab, wer verriet. Es kennzeichnet aber vor allem den Dilettantismus von Hitlers Außenpolitik, daß er einen jähen Wechsel von Rom zu Belgrad für machbar und für politisch gewinnbringend ansehen konnte. Nachdem Göring im Oktober 1934 am Begräbnis des in Marseilles – zusammen mit dem französischen Außenminister Louis Barthou – ermordeten Königs Alexander teilgenommen und in Belgrad einen „[g]roße[n] psychologische[n] Erfolg" errungen hatte, hielt es der „Führer" ernstlich für möglich, mit einer „Achse" Berlin-Belgrad-Warschau seinen außenpolitischen Zielen näherzukommen.

---

[38] ADAP, Serie C, Bd. IV/1. Nr. 61.
[39] Goebbels, Tagebücher, Teil I, Bd. 3/I, S. 85; die folgenden Zitate und Belege finden sich ebenda, S. 86f. und S. 124.

Gleichwohl nahm er andererseits an, daß der nationalsozialistische Terror in Österreich, da die italienischen Faschisten so scharf darauf reagierten, die schon gebannt scheinende Gefahr einer gewaltsamen internationalen Aktion gegen das NS-Regime wieder etwas näher rücke. Für die allernächste Zukunft wollte er daher ein gewisses Wohlverhalten an den Tag legen; auch ordnete er strikte Enthaltsamkeit in Sachen Österreich an: Daß dieser Kurs „schwer fällt", gab Rudolf Heß dem ins Reich geflohenen Gauleiter der NSDAP von Wien, Alfred Frauenfeld, zu, aber der „Führer" habe keine andere Wahl. Heß verglich das, in einem Satz, der ihm offenkundig von Hitler eingegeben worden war, mit dem „legalen Kurs", den die reichsdeutsche NSDAP nach dem Novemberputsch von 1923 nolens volens gesteuert hatte[40]. Solange die Intervention des Auslands aber nur Drohung war, hatte Hitler allerdings keineswegs die Absicht, sich von dem Vorhaben abbringen zu lassen, das ihm das wichtigste dünkte, wichtiger zunächst als der Anschluß Österreichs: „rüsten, daß die Heide wackelt"[41].

Jedoch zeigen Hitlers Reaktionen auf Mussolinis Österreichpolitik, wie sehr er sich im klaren darüber war, daß der Versuch, Italien als Partner zu gewinnen, fürs erste jämmerlich gescheitert war und daß damit die Hoffnung auf einen baldigen Übergang zu einer expansionistischen Politik einen kräftigen Dämpfer erhalten hatte. Indes hielt sich die Niedergeschlagenheit der NS-Führung in Grenzen, da die Werbung um den schließlich wichtigeren Partner England bessere Resultate zu versprechen und allmählich auch zu bescheren schien. Daß dieser Eindruck entstehen konnte, war die Folge mehrfacher Mißverständnisse auf beiden Seiten.

An ihr realitätsfremdes England-Bild gefesselt, waren Hitler und andere Nationalsozialisten nicht zu der Erkenntnis fähig, daß ein in ihrem Geiste geführtes Deutschland in keinem europäischen Staat so wenig Sympathisanten finden konnte wie in Großbritannien. Leopold von Hoesch, deutscher Botschafter in London und einer der fähigsten Diplomaten, die das Reich besaß, warnte bereits im Frühjahr 1933 wiederholt, daß die innere Umwälzung das Reich enorme Verluste an Ansehen und Wohlwollen koste. Gerade jene Kreise, die Deutschlands Interessen seit Jahren wachsendes Verständnis entgegengebracht hätten, seien „augenblicklich in einer Art schmerzlicher Enttäuschung befangen"[42]. Mit dem Verständnis, so legten Hoeschs Berichte nahe, schwinde naturgemäß auch die

---

[40] ADAP, Serie, C, Bd. III/1, Nr. 173.
[41] Goebbels, Tagebücher, Teil I, Bd. 3/I, S. 124.
[42] ADAP, Serie C, Bd. I/1, Nr. 193.

politische Hilfsbereitschaft. Sir Horace Rumbold, der britische Botschafter in Berlin, suchte im gleichen Sinne auf Hitler einzuwirken, wobei er unter den deutschen Revisionswünschen, die jetzt nicht mehr auf Unterstützung rechnen dürften, ausdrücklich den „polnischen Korridor" nannte, also das 1919/20 polnisch gewordene Westpreußen[43]. Mitte Mai 1933 faßte Hoesch die Lage in Großbritannien so zusammen: Labour Party und Arbeiterschaft ständen „dem neuen Deutschland in unversöhnlicher Feindschaft gegenüber. Ganz ähnlich verhält es sich mit den liberalen Kreisen [...]. Die konservative Linke [...] mißbilligt die deutsche Entwickelung [sic!] ebenso sehr wegen der Behandlung der Judenfrage wie auch aus Besorgnis vor Überhandnahme des militärischen Geistes in Deutschland und daraus sich ergebender Kriegsgefahr. Ein gewisses Verständnis zeigt, abgesehen von einzelnen Individuen, kollektiv nur die äußerste Rechte, die aber wiederum traditionsgemäß französenfreundlich und eher anti-deutsch eingestellt" sei.

Zwei Kampagnen der nationalsozialistischen Regierung stießen in England auf besonders heftige Kritik: Die von Hitler anfänglich abgesegneten Versuche, Deutschlands protestantische Kirchen gleichzuschalten und zugleich zu entchristlichen, riefen in einer Gesellschaft, die noch stärkstens religiös-christlich geprägt war und deren evangelische Geistliche vielfältige Beziehungen zu Amtsbrüdern in Deutschland unterhielten, Abscheu, ja Entsetzen hervor. Hoesch schrieb, der protestantische Klerus in Großbritannien verurteile die „Verstöße gegen das Gebot der christlichen Nächstenliebe und gegen den [ihm] heiligen Grundsatz der Rechtsgleichheit"; eine Erscheinung wie die Deutschen Christen wirke fremdartig[44]. Hohe geistliche Würdenträger, so der Erzbischof von Canterbury und der Bischof von Chichester, wurden auf der deutschen Botschaft vorstellig, um gegen das nationalsozialistische Vorgehen Protest zu erheben und um auf die fortschreitende Entfremdung zwischen dem NS-Regime und einer Mehrheit der englischen Bevölkerung aufmerksam zu machen[45]. Der Bischof von Chichester erklärte unverblümt, daß ein „Bruch zwischen sämtlichen protestantischen Kirchen des Auslandes und der Kirche im Reich" drohe. Jedoch zog der Umgang des NS-Regimes mit dem Konkordat vom 20. Juli 1933 ebenso scharfe Vorwürfe auf sich; schließlich hatte der Vatikan schon am 19. Oktober 1933, ein bloßes Vierteljahr nach

---

[13] Vgl. ADAP, Serie C, Bd. I/1, Nr. 223; das folgende Zitat findet sich ebenda, Nr. 237.
[44] ADAP, Serie C, Bd. I/2, Nr. 406.
[45] Vgl. ADAP, Serie C, Bd. III/1, Nr. 246; das folgende nach ebenda, Nr. 252.

Abschluß des Konkordats, der deutschen Regierung eine ellenlange Liste von Verletzungen des Vertrags übermitteln müssen.

Nicht weniger herbe Anklagen provozierten in England die ersten Akte der nationalsozialistischen Judenverfolgung. In Großbritannien gab es zwar da und dort einen gewissen gesellschaftlichen Antisemitismus, aber nicht den biologistisch-rassistischen Antisemitismus der Nationalsozialisten, erst recht nicht deren Wahngebilde von einer „jüdischen Weltverschwörung" gegen die arische Rasse und besonders gegen Deutschland. Ob prominente Mitglieder des britischen Kabinetts und dessen diplomatische Vertreter in Berlin Stellung bezogen oder ob sich kirchliche Würdenträger äußerten – sie alle kamen auch auf das nationalsozialistische Vorgehen gegen die Juden zu sprechen und zeigten stets deutlich ihr totales Unverständnis und ihre tiefe Mißbilligung[46]. Selbst König Georg V. sah sich veranlaßt, als er Botschafter von Hoesch auf Schloß Windsor zu Gast hatte, unter den Ursachen der seit dem 30. Januar 1933 gespannten Beziehungen zwischen Großbritannien und Deutschland auch die Judenverfolgung – er wählte natürlich einen etwas milderen Ausdruck – hervorzuheben[47]. Hoesch schrieb ungeniert, den Briten seien die antisemitischen Maßnahmen in Deutschland ein „Rätsel". Es herrsche „Enttäuschung darüber, daß im 20. Jahrhundert von [ihnen] als heilig angesehene Grundsätze, und zwar diese noch dazu von einem führenden Kulturstaat wie Deutschland, über Bord geworfen werden können"[48].

Das Massaker vom 30. Juni 1934 bestätigte den üblen Charakter des NS-Regimes und verstärkte Ablehnung wie Furcht. Hoesch hatte sich schon in den anderthalb Jahren zuvor in seiner Berichterstattung eine Wortwahl erlaubt, die zeigte, daß er die Kritik und die Ängste teilte, die das neue Regime seines Heimatlands in England provozierte. Dabei war er im übrigen stets darauf bedacht, den Lesern seiner Berichte klarzumachen, daß die Stimmung in England nicht das geringste mit einer Abneigung gegen Deutschland und das deutsche Volk zu tun habe; die „sehr ablehnende Haltung" gelte allein „der neuen deutschen Reichsleitung". Nach der „Nacht der langen Messer" scheute er sich nicht, der NS-Führung zu sagen, daß der „Kredit der deutschen Regierung [...] unter dem Eindruck der fraglichen Ereignisse ungeheuer schwer gelitten" habe; „in weiten Kreisen" finde „Deutschland zur Zeit eine ähnliche

---

[46] Vgl. z.B. ADAP, Serie C, Bd. I/1, Nr. 223.
[47] ADAP, Serie C, Bd. II/2, Nr. 426.
[48] ADAP, Serie C, Bd. I/2, Nr. 406; das folgende Zitat findet sich ebenda.

Beurteilung [...], wie sie hier in Zeiten englisch-russischer Spannung Sowjetrußland zuteil wurde"[49].

Es gehört zu den bemerkenswerten Phänomenen jener Frühphase des Dritten Reiches, daß die antinationalsozialistische Stimmung in Großbritannien keineswegs Einfluß auf die Politik des britischen Kabinetts gewann, ja daß zwischen Urteil über Deutschland und Deutschlandpolitik eine ständig breiter werdende Kluft entstand. Zwei Faktoren ließen es vorerst nicht zu, daß die Verdammung des NS-Regimes die britische Außenpolitik bestimmte. Erstens war, so groß auch der Abscheu vor Hitler sein mochte, der Horror noch stärker, den die britische Bevölkerung bei der Aussicht auf eine Wiederholung des Weltkriegs empfand. Jede Politik, die einen Krieg mit Deutschland auch nur als Möglichkeit am fernen Horizont erscheinen ließ, beschwor sofort die Erinnerung an die Opfer herauf, die an der Somme und in Flandern gebracht worden waren. Dieser nicht theoretisch-ideologisch begründete, sondern aus noch allzu nahem leidvollen Erleben kommende Pazifismus führte zu der eigenartigen Erscheinung, daß gerade jene Parteien, die das NS-System am leidenschaftlichsten verurteilten, Labour und Liberale, andererseits jede Rüstungsanstrengung erbittert bekämpften, da damit der Krieg näher herangeholt werde. Doch reichte diese Art von Pazifismus bis weit in die konservativsten Schichten hinein. Und in einer Gesellschaft wie der englischen, in der das Kabinett vom Parlament und das Parlament von den Wählern abhing, konnte keine Regierung Politik gegen eine solch starke Grundströmung machen. Zudem hielt sich in den tonangebenden Gruppen Großbritanniens hartnäckig die Ansicht, Hitler und seine Genossen verfolgten lediglich begrenzte Ziele, seien also zu saturieren. Drangen andere Töne aus Berlin nach London, so wurden sie zwar beachtet, aber zunächst nicht berücksichtigt, aus Unglauben, der seine Gründe in einem eingeschränkten Vorstellungsvermögen und vielfach auch in der menschlichen Neigung zum Wegschieben unwillkommener Wahrheiten hatte.

In der ersten Hälfte der dreißiger Jahre wuchs auf solchem Boden ein geradezu blinder Glaube, bei der Regelung internationaler Konflikte auf den Völkerbund und beim Schutz der eigenen politischen Interessen auf das hier institutionalisierte System der kollektiven Sicherheit vertrauen zu dürfen. Hieraus wiederum entwickelten die britischen Kabinette eine Deutschlandpolitik, die, von einer Fehleinschätzung des Wesens und der Absichten der NS-Führung ausgehend, unweigerlich Fehler an Fehler reihen mußte. In den

---

[49] ADAP, Serie C, Bd. III/1, Nr. 99.

ersten Monaten nach Hitlers Machtübernahme tat die britische Regierung ohnehin so, als habe sich nichts geändert; sie entwarf unermüdlich Abrüstungspläne, in der Hoffnung, daß Berlin sie günstig aufnehmen werde, und im übrigen hielt sie es, wie Premierminister MacDonald zu William Bullitt, Präsident Roosevelts Experten für europäische Probleme, sagte, für ihre große Aufgabe, Deutschland und Frankreich endgültig miteinander zu versöhnen[50].

Nachdem Deutschland aus dem Völkerbund ausgetreten war und die Genfer Abrüstungskonferenz verlassen hatte, gab London die Rolle des „ehrlichen Maklers" zwischen Berlin und Paris nicht auf, ordnete sie aber nun in die größere Mission ein, das Deutsche Reich in den Völkerbund, in Abrüstungsverhandlungen und in das System der kollektiven Sicherheit zurückzuholen. Dabei stellten sie den Charakter der neuen Herren Deutschlands insofern in Rechnung, als sie sich sagten, daß solche Bemühungen nur dann erfolgreich sein könnten, wenn man diese wilden und schwer berechenbaren Leute mit größeren Konzessionen locke. Mit anderen Worten: Sie waren bereit, den Versailler Vertrag zu revidieren, nicht zuletzt auch seine territorialen Bestimmungen. Von 1933 bis 1935 machten britische Politiker bei jeder Gelegenheit den Versuch, ihre deutschen Gesprächspartner für die Rückkehr des Reiches in die Völker- und Staatengemeinschaft zu gewinnen, ob sie mit Botschafter von Hoesch sprachen, mit inoffiziellen Beauftragten des „Führers", mit Hitler selbst; auch König Georg beteiligte sich an solcher Bearbeitung[51]. Ein im Rückblick bizarr anmutender Ausdruck der damit verknüpften Erwartungen, Hitler so bändigen zu können, war der im November 1933 dem deutschen Botschafter unterbreitete – und von Berlin sogleich abgeblockte – Vorschlag MacDonalds, Hitler nach London einzuladen. Hoesch befand sich also im Irrtum, als er annahm, die innere Umwälzung in Deutschland werde der britischen Deutschlandpolitik eine zumindest passiv-feindselige Note geben[52]. Sir John Simon, der britische Außenminister, tat sogar noch ein übriges, etwaige deutsche Befürchtungen zu zerstreuen, und ließ die Reichsregierung über den deutschen Botschafter wissen: „Die Gestaltung der Dinge in Deutschland würde dabei [bei der Verständigung mit England] keine Rolle spielen, da England sich grundsätzlich nicht in die inneren Angelegenheiten eines anderen Landes einmischen wolle."

---

[50] Vgl. For the President, S. 26.
[51] Vgl. ADAP, Serie C, Bd. III/1, Nr. 21.
[52] Vgl. ADAP, Serie C, Bd. II/1, Nr. 57, Nr. 59 und Nr. 19 (dort auch das folgende Zitat).

Dies konnte als Signal zu einer deutsch-englischen Verständigung gesehen werden, doch darunter verstand man in Berlin etwas völlig anderes als in London. Von dem Bemühen abgesehen, die ersten Phasen der Aufrüstung ohne Interventionen Frankreichs zu überstehen, wollten Hitler, die weitere NS-Führung und auch deutschnationale Gehilfen wie Reichsaußenminister Freiherr von Neurath die Rückkehr zu internationalen Verpflichtungen gerade vermeiden – und statt dessen die gewünschten Allianzen schmieden, vor allem mit Großbritannien. Als ersten Schritt zu einem deutschbritischen Bündnis sah Hitler die Lösung Großbritanniens aus der engen Bindung an Frankreich[53]; die von den britischen Politikern in den Blick genommene deutsch-französische Versöhnung spielte in seinen Überlegungen nicht die geringste Rolle.

Nicht als zweiten, sondern als parallelen Schritt betrachtete er ferner die Gewöhnung der Briten an die Notwendigkeit der Kombination England – Deutschland – Italien und an die Unvermeidbarkeit einer nach Osten greifenden deutschen Expansionspolitik, mit der die Idee der Herrschaftsteilung zwischen Großbritannien und Deutschland verbunden war. Auf Grund des Bilds vom englischen Imperialismus, das Hitler und seine Anhänger zunächst hatten, machten sie sich anfänglich große Hoffnungen auf eine baldige Realisierung ihrer Pläne. Die britische Kritik an der nationalsozialistischen Innenpolitik nahm Hitler offensichtlich nicht ernst; das war ein typisch Hitlersches Fehlurteil, da der Abscheu, den 99 von 100 Briten dem Dritten Reich entgegenbrachten, zwar nicht Versuche zur außenpolitischen Zähmung der Nationalsozialisten ausschloß, wohl aber einem bündnisähnlichen Verhältnis zwischen England und Deutschland im Wege stehen mußte. Daß die britischen Politiker ständig von Völkerbund, Abrüstung und kollektiver Sicherheit redeten, hielt Hitler ebenfalls für kein Hindernis. Beides erschien ihm offenkundig als die übliche englische Bemäntelung kalter Interessen- und Machtpolitik.

Kaum im Sattel sitzend, sandte er die ersten Signale in die britische Hauptstadt. So schickte er im Mai 1933 Alfred Rosenberg nach London, der dort immerhin mit Außenminister Sir John Simon, Robert Vansittart, dem Ständigen Staatssekretär im Foreign Office, und einigen anderen wichtigen Politikern sprechen konnte[54]. Hitler hätte schwerlich einen noch weniger geeigneten Dolmetsch seiner Ambitionen finden können. Die deutsche Botschaft konstatierte,

---

[53] Vgl. Goebbels, Tagebücher, Teil I, Bd. 2/III, S. 338.
[54] Vgl. ADAP, Serie C, Bd. I/1, Nr. 237; die folgenden Zitate finden sich ebenda.

Rosenbergs Aufenthalt in London habe eine „Besserung hiesiger Atmosphäre nicht herbeigeführt, vielmehr hat er ablehnende Einstellung Englands gegen neues Deutschland zu vollem Ausbruch gebracht". Auch die englische Presse habe den Besuch dieses prominenten Repräsentanten der nationalsozialistischen Lehre als „volle[n] Mißerfolg" gewertet. Das negative Urteil der Botschaft war gewiß auch durch das natürliche Mißfallen gefärbt, das Parteifunktionäre erregen mußten, wenn sie sich auf dem Feld der internationalen Beziehungen zu tummeln und so in Konkurrenz zu den amtlichen Vertretern der deutschen Außenpolitik zu treten begannen. Aber nach dem Bericht, den Rosenberg erstattete, notierte auch Goebbels als seinen und Hitlers Eindruck: „Mageres Ergebnis der Londoner Reise. Er hat nicht allzu geschickt gearbeitet."[55]

Da Hitler in der Tat Rosenbergs Mangel an Geschick für den Fehlschlag verantwortlich machte, dachte er noch nicht an den Abbruch der Arbeit mit inoffiziellen Emissären. In die Rolle des „Privatmanns", der nur ein „persönliches Bild von der Stimmung in England" gewinnen und „aufklärend über die Vorgänge in Deutschland" wirken wollte[56], schlüpfte mehr und mehr Joachim von Ribbentrop. Im Spirituosengeschäft wohlhabend geworden und mit der Erbin der Sektkellerei Henkell verheiratet, war Ribbentrop am 1. Mai 1932 zur NSDAP gestoßen, die er schon zuvor finanziell unterstützt hatte. In den Monaten vor der Machtübernahme hatte er sich Hitler verpflichtet, indem er Koalitionsgespräche zwischen dem „Führer" und Franz von Papen förderte, dafür auch seine Dahlemer Villa zur Verfügung stellte. Er schien Hitler durch seine gesellschaftlichen Verbindungen und durch seine Sprachkenntnisse – er hatte vor dem Weltkrieg etliche Jahre in Kanada und den USA gelebt – für Aktivitäten in der Sphäre neben der amtlichen Politik besonders geeignet. Joseph Goebbels war anderer Meinung und vermerkte nach Ribbentrops Rückkehr von Reisen in England und Frankreich mißgünstig: „Ribbentrop berichtet von Paris und London. Ein eitler Schwätzer. Kann nicht verstehen, daß Hitler ihn schätzt. Vielleicht für kleine Aufgaben intriganten Charakters geeignet."[57]

Ribbentrop gelang es in relativ kurzer Zeit, eine Sonderbeziehung zu seinem Herren und Meister aufzubauen, die ihn dazu befähigte,

---

[55] Goebbels, Tagebücher, Teil I, Bd. 2/III, S. 187.
[56] ADAP, Serie C, Bd. I/1, Nr. 223.
[57] Goebbels, Tagebücher, Teil I, Bd. 2/III, S. 359. Zu Ribbentrop vgl. Wolfgang Michalka, Ribbentrop und die deutsche Weltpolitik 1933–1940, München 1980.

eine Sonderrolle in den deutsch-britischen Beziehungen zu spielen. Da ihn das Auswärtige Amt offensichtlich für gefährlicher hielt als Rosenberg, fand es an Ribbentrops Erscheinen auf der diplomatischen Bühne erst recht wenig Gefallen. Nachdem sich Hoesch abfällig über „Agenten" geäußert hatte, deren „Erfolg und damit [...] Nutzen [...] meist gering" sei[58], gelang es dem Auswärtigen Amt, Reichspräsident von Hindenburg einzuspannen, der dem Amt – auf Bestellung – mitteilte, „daß er die Verwendung solcher Mittelsleute nicht für zweckmäßig erachte". Diese Mitte März 1934 eingefädelte kleine Intrige verhinderte jedoch nicht, daß der Reichspräsident auf „Anregung des Reichskanzlers" bereits vier Wochen danach Ribbentrop zum „Beauftragten für Rüstungsfragen" ernannte[59], wodurch letzterer amtlichen Status erhielt und außerdem erwiesen war, daß Hitlers Einfluß bei Hindenburg schon jetzt stärker war als der Neuraths, den der Reichspräsident und etliche seiner deutschnationalen Berater – erst recht der Minister selber[60] – noch 1932/33 als unverzichtbares Widerlager zum Führer der NSDAP gesehen hatten. Obwohl dem Auswärtigen Amt formal unterstellt, spielte sich Ribbentrop denn auch sogleich als der Mann auf, der die wahren Absichten des „Führers" zu verwirklichen habe und der mithin vom Außenminister praktisch unabhängig agieren dürfe; Proteste des Auswärtigen Amts blieben fruchtlos[61]. Wenig später wurde Ribbentrop der Rang eines „Sonderbotschafters" verliehen, und nun gerierte er sich vollends als der eigentliche Außenminister. Zumindest im Hinblick auf die deutsch-englischen Beziehungen entsprach Ribbentrops Verhalten genau den Vorstellungen Hitlers, und so war ein mit Recht als vital geltender Bereich der Außenpolitik den zuständigen staatlichen Organen entzogen und allein noch Sache des „Führers" und der NS-Bewegung.

Angesichts der zentralen Bedeutung, die den deutsch-englischen Beziehungen in der nationalsozialistischen Bündniskonzeption zukam, war es aber selbstverständlich, daß Hitler persönlich versuchte, die Grundmauern für ein Bündnis zu legen. Mit der gleichen, durch nichts gedeckten Ungeniertheit, mit der er am 3.Februar 1933 vor den Spitzen der Armee von seinen Expansions- und

---

[58] ADAP, Serie C, Bd. II/2, Nr. 314; das folgende Zitat findet sich ebenda, Nr. 343.
[59] Ebenda, Nr. 405.
[60] Vgl. Graml, Zwischen Stresemann und Hitler, S. 208 und S. 226.
[61] Als Hoesch mitteilte, Ribbentrop halte sich für berechtigt, diplomatischen Missionen Aufträge zu erteilen, sagte Bülow zwar nein, doch änderte das am Verhalten Ribbentrops gar nichts. Vgl. ADAP, Serie C, Bd. III/1, Nr. 60.

Germanisierungsplänen sprach, äußerte er sich auch im Oktober 1933 gegenüber Sir Eric Phipps: Er beabsichtige „eine gewisse Expansion in Osteuropa"[62]. Anfang 1934 sagte er, „daß er 14 Jahre hindurch den Gedanken einer Verständigung Deutschlands mit England verfochten habe, obwohl er innerhalb Deutschlands hierbei auch auf lebhaften Widerstand gestoßen sei". Nach seiner Ansicht seien beide Nationen „infolge ihrer geistigen und rassischen Verwandtschaft zu einer harmonischen Zusammenarbeit in aufrichtiger Freundschaft vorausbestimmt"[63].

Solch generelle Gedankengänge mußten jedoch durch erste vertragliche Vereinbarungen konkretisiert und diese Vereinbarungen wiederum zu Stufen einer Allianz gemacht werden. Vielleicht nahm Hitler eine Anregung König Georgs auf, der, wie Hoesch am 25.April 1934 berichtete, das englische Interesse an der Vermeidung eines Wettrüstens zur See bekundet hatte. Im November 1934 erwähnte er jedenfalls gegenüber Admiral Erich Raeder, dem Oberbefehlshaber der Marine, daß er die deutsche Flotte auf ein Drittel der englischen festlegen und „dies im geeigneten Zeitpunkt den Engländern mitteilen" wolle[64]. Und anscheinend völlig unbeeindruckt von der allgemeinen Erregung über seine Österreichpolitik, erst recht unbeeindruckt vom zunehmenden Abscheu vor seinem Regime, sah er kurz danach den „geeigneten Zeitpunkt" gekommen. Am 27.November 1934 bot er, in einer Unterhaltung mit Sir Eric Phipps, sozusagen offiziell eine Verständigung über die beiderseitigen Flottenstärken an; er schlug vor, die deutsche Flotte auf 35 Prozent der englischen zu begrenzen, und er ließ London wissen, daß Deutschland so aus der Konkurrenz mit der englischen Marine ausscheiden würde.

Auch in Gesprächen mit britischen Besuchern ventilierte Hitler die Idee eines deutsch-britischen Flottenabkommens[65]. Im März 1935, während des Berlin-Besuchs von Sir John Simon und Anthony Eden, hielt er seinen Gästen wie zuvor Phipps das Verhältnis 35 zu 100 als Lockmittel unter die Nase; damit, so versicherte er, „akzeptiere Deutschland die absolute Supremmatie Englands auf der See [...] nicht nur für begrenzte Zeit, sondern grundsätzlich und für immer". Am 21.Mai 1935 tat er ein übriges und sagte in einer

---

[62] Eden, Memoirs, Bd. 1, S. 48.
[63] ADAP, Serie C, Bd. II/2, Nr. 271; das folgende nach ebenda, Nr. 426.
[64] ADAP, Serie C, Bd. III/2, Nr. 298; die folgenden Zitate und Belege finden sich ebenda, Nr. 356, Nr. 358 und Nr. 360.
[65] Vgl. z.B. in einem Gespräch mit Lord Allen of Hurtwood am 29.1.1935; ebenda, Nr. 463; das folgende Zitat findet sich ebenda, Nr. 555.

Rede zur Außenpolitik im Reichstag: „Diese Forderung [35 Prozent] ist für Deutschland eine endgültige und bleibende." Es werde keine „neue Flottenrivalität" geben. „Die deutsche Reichsregierung erkennt von sich aus die überragende Lebenswichtigkeit und damit die Berechtigung eines dominierenden Schutzes des britischen Weltreiches zur See an." Demgegenüber seien „wir unsererseits entschlossen, [...] alles Notwendige zum Schutze unserer eigenen kontinentalen Existenz und Freiheit zu veranlassen"[66]. Mit diesen Worten hatte er den alten Gedanken der säuberlichen Abgrenzung zwischen britischem Empire und deutschem Kontinentalreich vor der europäischen und der überseeischen Öffentlichkeit erstmals unmißverständlich zum Leitprinzip der deutschen Außenpolitik erklärt.

Daß die britische Regierung ein Vertragsangebot akzeptierte, das in solche Deklarationen eingebettet war, deuteten Hitler und die NS-Führung genauso falsch wie auch andere Signale Londons in den zweieinviertel Jahren zuvor. Wann immer die englische Außenpolitik ihr Deutschland zugewandtes Gesicht in freundlichere Falten zu legen schien als die französische, war in Berlin die Überzeugung gewachsen, daß man auf dem besten Wege sei, England tatsächlich von Frankreich zu trennen. Ohne Grund jubelte Goebbels, eine Unterhaltung mit Hitler wiedergebend, bereits im November 1933: „Außenpolitik steht gut. Franzosen und Engländer in den Haaren"[67], um wenig später zu konstatieren: „Hitler taktiert gut. England steht am Scheidewege. Halb schon von Frankreich weg." Wenn ein englischer Pressemagnat wie Lord Rothermere nach Deutschland kam und in Unterhaltungen mit Hitler etliche deutsche Forderungen als begründet anerkannte, wenn er sich am Ende der Gespräche vom neuen Deutschland beeindruckt zeigte, wenn er gar die Freundschaft zwischen Großbritannien und dem Deutschen Reich als erstrebenswert bezeichnete – so wurde die politische Bedeutung solcher Treffen weidlich überschätzt: „Rothermere wird ganz für uns gewonnen", notierte Goebbels im Dezember 1934. „Das ist ein großer Erfolg."[68] Und wie sich Hitler zu britischen Diplo-

---

[66] Zit. nach Max Domarus, Hitler. Reden und Proklamationen 1932–1945, Bd. I/2: 1935–1938, Wiesbaden 1973, S. 513; vgl. auch Jost Dülffer, Das deutsch-englische Flottenabkommen vom 18. Juni 1935, in: Wolfgang Michalka (Hrsg.), Nationalsozialistische Außenpolitik, Darmstadt 1978, S. 244–276.
[67] Goebbels, Tagebücher, Teil I, Bd. 2/III, S. 321; das folgende Zitat findet sich ebenda, S. 338.
[68] Goebbels, Tagebücher, Teil I, Bd. 3/I, S. 156; die folgenden Zitate finden sich ebenda, S. 171 und S. 175.

maten oder Besuchern und in der Öffentlichkeit äußerte, so auch optimistisch in internen Plaudereien. „Klare Pläne" habe der „Führer" in der Außenpolitik, hielt Goebbels Anfang 1935 fest: „Weites Projekt bzgl. England. Schutz des Empires, dafür 30jähr. Bündnis." Dies sei „im Werdezustand". In vier Jahren hoffe Hitler, „sie [...] zu einem Bündnis zu haben".

Da das Ziel der britischen Politik, die Heimholung Deutschlands in multilaterale internationale Bindungen, zum Ziel der deutschen Außenpolitik, nämlich der völligen Freiheit von solchen Bindungen, in schroffem Gegensatz stand, konnten Dissonanzen nicht ausbleiben. Immer wieder provozierten Akte Hitlers, die all seinen Friedensbeteuerungen widersprachen, kritische Reaktionen der britischen Regierung. Schwächlich, unsicher und inkonsequent, wie sie waren, machten die Londoner Vorhaltungen jedoch wenig Eindruck in Berlin. Im Grunde verstand Hitler solche Appelle, namentlich wenn sie Ethos und Nutzen von Völkerbund und kollektiver Sicherheit beschworen, lediglich als verbale Beschwichtigungen der öffentlichen Meinung in England, mit denen die britische Führungsschicht ihr Einverständnis mit seiner Politik vorerst offenbar noch kaschieren mußte.

Das Spiel – mit Hitlers Augen gesehen – begann bereits im Oktober 1933, nachdem Deutschland aus dem Völkerbund ausgetreten war und die Abrüstungskonferenz verlassen hatte. Am 24. Oktober machte der neue britische Botschafter, Sir Eric Phipps, seinen Antrittsbesuch beim Reichskanzler und sagte dabei lediglich, die englische Regierung „bedaure unseren Rücktritt von den beiden Institutionen und könne die dafür angegebenen Gründe nicht als stichhaltig anerkennen. Sie hoffe aber, daß damit die Türe nicht zugeschlagen sei und wir baldigst wieder zur Mitarbeit bereit wären."[69] Das klang in Hitlers Ohren nicht so, als habe er von britischer Politik etwas zu befürchten. Harmlosigkeiten dieser Art setzten sich im folgenden Jahre fort, als im September Italien und Frankreich nach der Ermordung von Dollfuß die britische Regierung bewogen, eine Erklärung der drei Mächte zu unterzeichnen, in der vom Schutz der Unabhängigkeit Österreichs die Rede war, jedoch britischer Einfluß dafür sorgte, daß die Deklaration zahnlos blieb. Einige Wochen später, in einem Gespräch mit Botschafter von Hoesch, erwähnte Premierminister MacDonald das Problem Österreich nicht weiter

---

[69] ADAP, Serie C, Bd. II/1, Nr. 23. Zur britischen Politik vgl. Martin Gilbert/Richard Gott, The Appeasers, London 1963, und vor allem Ian Kershaw, Hitlers Freunde in England. Lord Londonderry und der Weg in den Krieg, München 2005.

und stimmte lediglich die gewohnte Klage an, daß Deutschland durch seinen Austritt aus dem Völkerbund die internationale Zusammenarbeit erschwere, woran er den Wunsch schloß, das Reich möge den „Weg zum Völkerbund zurückfinden"[70]. Wie sollte Hitler daraus entnehmen, daß Großbritannien fest an der Seite Frankreichs und Italiens stehe? Daß zumindest in der Österreichfrage ihre Solidarität mit Frankreich und Italien tatsächlich mit dem Wörtchen „vorgeblich" zu versehen war, machten die Briten vollends klar, als sich Außenminister Sir John Simon in einer Unterhaltung mit Hitler die gänzlich unangebrachte Bemerkung gestattete, England habe an Österreich nicht das gleiche Interesse wie an Belgien.

Vorgeschichte und Resultate des Besuchs von Sir John Simon und Anthony Eden im März 1935 in Berlin bestärkten Hitler noch in dem Wahn, daß zwischen ihm und „den Engländern" bereits eine Art heimliches Einverständnis bestehe, die Vorstufe zu einer Allianz erreicht sei. Ende Januar 1935 war Lord Lothian, einer der überzeugtesten und – obwohl damals ohne Amt – einflußreichsten Anhänger einer deutsch-britischen Verständigung, in die Reichshauptstadt gekommen und hatte in einer Unterhaltung mit Kriegsminister Werner von Blomberg, Rudolf Heß und Ribbentrop gefragt, ob Simon in Berlin willkommen wäre. In den folgenden Wochen ist dann in der Tat vereinbart worden, daß Sir John Simon und Anthony Eden sich am 7. März dort einfinden würden. Am 4. März präsentierte jedoch die britische Regierung, immerhin aufgestört durch die mittlerweile allzu sichtbare deutsche Rüstung, im Unterhaus ein sogenanntes „Weißbuch", das Goebbels „gemein" nannte, weil darin nicht allein die Expansion der Wehrmacht, sondern ebenso die mentale Militarisierung der deutschen Bevölkerung in deutlichen Worten kritisiert worden war. Der „Führer" wurde „heiser", wie Goebbels notierte[71], und ließ den britischen Besuch zwar nicht absagen, aber verschieben. Hoesch meldete aus London, daß die britische Regierung die „Erkrankung" Hitlers als Verschiebungsgrund nicht anzweifle und nun auf neue deutsche Terminvorschläge warte[72].

Durch den Anschluß des Saargebiets an das Reich – 90,8 Prozent der Bevölkerung hatten sich in der vom Versailler Vertrag vorgeschriebenen Volksabstimmung für die Angliederung an Deutsch-

---

[70] ADAP, Serie C, Bd. III/2, Nr. 289; das folgende nach ebenda, Nr. 555 und Nr. 468.
[71] Goebbels, Tagebücher, Teil I, Bd. 3/I, S. 194.
[72] ADAP, Serie C, Bd. III/2, Nr. 519; das folgende Zitat findet sich ebenda, Nr. 517.

land erklärt – ebenso ermuntert wie durch Londons brave Hinnahme der Besuchsvertagung, verwendete Hitler die „Verstimmung" über das britische Weißbuch als Begründung eines Schritts, den die weitere Aufrüstung dringend erforderte: Am 16. März ließ er die Reichsregierung ein Gesetz beschließen, das die allgemeine Wehrpflicht in Deutschland einführte. Hat nun die britische Regierung das deutsche Vorgehen, das ja nicht nur eine eklatante Verletzung des Versailler Vertrags darstellte, sondern auch die seit Jahren geführten Abrüstungsverhandlungen völlig entwertete, wenigstens mit einer entschlossenen Geste beantwortet? Es geschah nichts dergleichen. Vier Tage vor der Proklamierung der allgemeinen Wehrpflicht war Sir Eric Phipps bei Neurath erschienen, um im Namen seiner Regierung – die eine erneute deutsche Einladung doch nicht abwarten wollte – anzufragen, ob der Besuch Simons und Edens jetzt am 25. und 26. März konvenieren würde[73]; die Reichsregierung stimmte zu. Wurden die beiden britischen Minister nun nach dem 16. März „heiser"? Selbst die leichteste Erkältung blieb aus. Über die deutsche Vertragsverletzung anscheinend nicht sonderlich verärgert und sicherlich mit einem Auge auf die schon angelaufenen deutsch-britischen Flottengespräche schielend, hielt die britische Regierung an dem ausgehandelten Termin fest. Goebbels hatte darauf gewettet, „daß die Engländer kommen". Von einem „flauen Protest" begleitet, fragte London in der Tat an, ob es bei den Verhandlungen bleibe. Berlin replizierte zustimmend. Goebbels: „Also kommen sie Montag. Ich habe meine Wetten gewonnen."[74] Aus Rom und Paris kamen schärfere Protestnoten. Aber angesichts der britischen Milde durfte der Reichspropagandaminister beruhigt ins Tagebuch schreiben: „Sie sollen schimpfen, wir rüsten."

Als Sir John Simon und Anthony Eden in Berlin eintrafen, hegten sie die Hoffnung, das nationalsozialistische Deutschland „in ein System der Friedenssicherung einordnen" zu können. Mit diesem Ziel im Auge hatte vor allem der Außenminister die „Bildung einer Koalition gegen Deutschland" abgelehnt und trotz des deutschen Streichs am Treffen mit Hitler festgehalten[75]. Der Absicht des „Führers", multilaterale internationale Besprechungen oder gar Bindungen zu vermeiden und durch bilateralen Verkehr zu ersetzen, war also die britische Regierung bereits weit entgegengekommen. Gleichwohl sah sich Hitler veranlaßt, auf die Erregung Rücksicht

---

[73] Vgl. ebenda, Nr. 526.
[74] Goebbels, Tagebücher, Teil I, Bd. 3/I, S. 202; das folgende Zitat findet sich ebenda, S. 204.
[75] ADAP, Serie C, Bd. III/2, Nr. 552.

zu nehmen, die von der Einführung der Wehrpflicht in der britischen Öffentlichkeit und offenbar doch auch bei einem Teil des britischen Kabinetts ausgelöst worden war. Das heißt, er tischte seinen englischen Besuchern eine Lüge nach der anderen auf. So versicherte er, daß die deutsche Rüstungsanstrengung in bescheidenen Grenzen bleiben werde; er behauptete, daß niemand in Deutschland Österreich annektieren wolle; er bestritt, daß er die Absicht habe, England von Frankreich zu trennen; er leugnete sogar, daß es in Deutschland eine Diktatur gebe. Was territoriale Probleme angehe, sei der Nationalsozialismus nicht expansionistisch; Deutschland akzeptiere die – „wenn auch noch so furchtbaren"[76] – diesbezüglichen Bestimmungen des Versailler Vertrags. Die britischen Minister nahmen das ohne energischere Nachfragen zur Kenntnis. Als Anthony Eden, der dem Gastgeber etwas schärfer zusetzte als Sir John Simon, das nationalsozialistische Lebensraum-Programm aufs Tapet brachte, das er höflicherweise Alfred Rosenberg zuschrieb, beantworteten „der Herr Reichskanzler und der Herr Reichsaußenminister diese Erwähnung mit einem Lachen"[77]. Auch mit solch frecher Unverbindlichkeit ließen sich Simon und Eden abspeisen. Um mit seiner Zurückhaltung nicht einen allzu falschen Eindruck zu erwecken, beschwor Hitler andererseits überaus eindringlich die bolschewistische Gefahr. Eden wandte zwar ein, daß der Bolschewismus mittlerweile eher eine interne Angelegenheit der Sowjetunion sei, aber Sir John schien Hitlers Anspruch auf die Rolle des antibolschewistischen Markgrafen mit bemerkenswertem Gleichmut aufzunehmen. Jedenfalls konnte Goebbels in sein Tagebuch eintragen, der „Führer" habe mit seiner Behandlung der Frage Rußland ein „Kuckucksei" gelegt, „aus dem einmal deutsch-engl. Verständigung kommen soll"[78].

Wenn Goebbels nach solcher Erfahrung notierte: „Der englische Besuch hat ihn [Hitler] nur noch härter gemacht", so traf er den Nagel auf den Kopf, da „härter" ja wohl als ein anderes Wort für „anspruchsvoller" und „zuversichtlicher" zu verstehen ist. Daß Hitlers Selbstsicherheit derart wuchs, lag aber nicht zuletzt daran, daß Sir John Simon den „Führer" fragte, ob die Reichsregierung bereit sei, eine Delegation zur Besprechung von Marinefragen nach London zu schicken. Um die Öffentlichkeit nicht zu verstimmen, tat Simon so, als würden die Deutschen zu Vorbesprechungen einer in

---

[76] Ebenda, Nr. 555.
[77] ADAP, Serie C, Bd. IV/1, Nr. 17.
[78] Goebbels, Tagebücher, Teil I, Bd. 3/I, S. 208; das folgende Zitat findet sich ebenda.

der Tat geplanten multilateralen Flottenkonferenz eingeladen, und Hitler, der Simons Frage bejahte, widersprach dem nicht weiter[79]. In Wahrheit ging es um die Fortsetzung der bilateralen Gespräche über ein exklusiv deutsch-britisches Flottenabkommen. Hitler machte denn auch gleich klar, mit welchen Instruktionen die deutsche Abordnung in London erscheinen werde, nämlich ein Verhältnis zwischen deutscher und britischer Flotte von 35 zu 100 auszuhandeln. Simon kritisierte die Zahl, die Hitler als großes deutsches Zugeständnis behandelte, jedoch nicht allzu herb. So sind die Grundzüge einer Flottenvereinbarung zwischen Großbritannien und Deutschland schon im März 1935 in Berlin festgelegt worden.

Daß die britische Regierung sich auf ein bilaterales Geschäft mit dem Dritten Reich einließ, wurde ihr damals wie später oft zum Vorwurf gemacht; tatsächlich versetzte sie damit auch allen Anstrengungen, eine multilateral ausgehandelte Abrüstung oder doch Rüstungsbeschränkung zustande zu bringen, scheinbar den Todesstoß. Jedoch hielten die leitenden Londoner Politiker dafür, daß jene Anstrengungen ohnehin schon tot seien – durch deutsche Aufrüstung wie durch die französische Verweigerung jeglicher Abrüstung – und daß man einen Leichnam nicht mehr erstechen könne. Wurde dieses Urteil als realistisch unterstellt, mußte die deutsche Offerte in der Tat unwiderstehlich wirken. In London erinnerten sich noch alle, die Führer der Konservativen wie die der Liberalen und der Labour Party, daran, daß es vor 1914 unmöglich gewesen war, eine Verlangsamung oder gar Beendigung des deutsch-britischen maritimen Wettrüstens zu erreichen, daß die Deutschen seinerzeit erklärt hatten, allenfalls dann bremsen zu wollen, wenn sich Großbritannien zur Neutralität verpflichte, sollte Deutschland auf dem Kontinent in kriegerische Konflikte geraten. Jetzt, 1935, verlangten die Deutschen offenbar nicht, daß sich England aus der gesamteuropäischen Politik verabschiede, mithin den Kontinent deutscher Hegemonie überlasse. Ohne politische Bedingungen boten sie außerdem bei den Überwasserstreitkräften ein Verhältnis an, das eine klare Unterlegenheit der deutschen Flotte garantierte. In solcher Situation glaubte die britische Regierung, richtig zu handeln, wenn sie zugriff.

Daß schon die Verhandlungen über ein deutsch-britisches Flottenabkommen von übler Wirkung auf die Lage in Europa waren, lag indes daran, daß die europäischen Staaten ohnehin bereits in ständiger Furcht vor der wachsenden Macht Deutschlands lebten. Wie William Bullitt an Richter Walton R. Moore, einen engen Mit-

---

[79] Vgl. ADAP, Serie C, Bd. III/2, Nr. 555.

arbeiter Präsident Roosevelts, schrieb, gebar diese Furcht zahllose Pläne zur Eindämmung der deutschen Gefahr. Er könne auf fünfzig Seiten die Details der Rezepte aufzählen, doch sei das sinnlos, da sie „nur Gesten hilfloser Diplomaten angesichts einer unausweichlichen Tragödie zu sein scheinen. Dem ganzen Komplex der Manöver haftet etwas Unwirkliches und fast Törichtes an."[80] In solcher Atmosphäre mußte es das ohnmächtige Gefühl der Unabwendbarkeit deutscher Vorherrschaft noch verstärken, wenn Großbritannien den Eindruck erweckte, durch direkte Verständigung mit dem Dritten Reich dessen „Führer" den Weg zumindest zur Liquidierung der 1919/21 geschaffenen Friedensordnung freizugeben. War Großbritannien womöglich im Begriff, sich vom Kontinent zurückzuziehen? In manchen Hauptstädten, namentlich auf dem Balkan, begannen sich die Politiker zu fragen, ob man nicht durch Anlehnung an das Deutsche Reich eine gewisse Schonung erkaufen könne.

Nun schien diese Entwicklung freilich gestoppt zu werden, als auf italienisches und französisches Drängen Mitte April 1935 eine Dreimächte-Konferenz zustande kam, die in Stresa am Lago Maggiore eine Deklaration verabschiedete, in der die drei Staaten gelobten, sich „jeder einseitigen Aufkündigung von Verträgen zu widersetzen". Die Optimisten in Europa atmeten auf. Jetzt war doch die Selbständigkeit Österreichs ebenso gesichert wie der Vertrag von Locarno. Es sah so aus, als sei Hitler durch die „Front von Stresa" in seine Schranken gewiesen. Tatsächlich war die Deklaration ihr Papier nicht wert, die „Front von Stresa" praktisch nicht existent. Erstens hatten sich die drei Regierungen nicht zu der bescheidensten konkreten Maßnahme verpflichtet, falls doch irgend jemand „einseitig aufkündigte". Zweitens hatten die italienischen und französischen Konferenzteilnehmer erfahren müssen, wie die britischen Vertreter sich weigerten, den Phrasen von Stresa etwas Substanz zu geben. In den europäischen Kabinetten wurde das besorgt registriert. Auch nach Stresa war klar, daß Großbritannien sich nicht in eine gegen das Dritte Reich gerichtete Mächtegruppierung eingefügt hatte, vielmehr bei dem Versuch direkter Verständigung mit Hitler bleiben werde.

In Berlin wurde die britische Haltung mit Befriedigung zur Kenntnis genommen: „England leistet uns gute Dienste", sagte Hitler[81]. Das Foreign Office tat ein übriges und teilte dem deutschen Geschäftsträger in London, Fürst Otto Bismarck, mit, die britischen Vertreter in Stresa hätten „ein gegen Deutschland gerichtetes Drei-

---

[80] For the President, S. 107.
[81] Goebbels, Tagebücher, Teil I, Bd. 3/I, S. 217.

mächteabkommen" verhindert.[82] Fürst Bismarck unterrichtete das Auswärtige Amt, das die erfreuliche Information an Hitler weiterleitete. Das hätte allein schon genügt, Hitlers Hoffnung auf ein deutsch-britisches Bündnis am Leben zu halten. Doch durfte der „Führer" außerdem konstatieren, daß die Verhandlungen über ein Flottenabkommen, und nun sogar auf britisches Drängen, fortgesetzt wurden, als habe Stresa gar nicht stattgefunden. Und das war die übelste Wirkung der Flottengespräche: Hitler wußte nun, daß die „Front von Stresa" so gefährlich war wie eine Vogelscheuche, und angesichts der britischen Haltung glaubte er nun auch zu wissen, daß er auf die deutsch-britische Allianz nicht nur hoffen, sondern sie erwarten konnte. Die Erwartung verdichtete sich fast schon zur Gewißheit, als die Briten die deutschen Bedingungen allesamt akzeptierten und das Flottenabkommen bereits am 16. Juni 1935 in London unterzeichnet wurde. „Führer ganz glücklich", notierte Goebbels, und wenig später: „Flottenabkommen ganz groß. Paris schäumt. Riesenerfolg der Politik des Führers. Einleitung eines guten Verhältnisses zu England – am Ende muß ein Bündnis stehen. In 5 Jahren ist's soweit."[83] Was bedeutete dagegen die am 2. Mai 1935 geschlossene Allianz zwischen Frankreich und der Sowjetunion und der vierzehn Tage später anschließende Beistandspakt zwischen Moskau und Prag? Von der Aussicht auf das britische Bündnis beflügelt, nahm Hitler die beiden – sehr vorsichtig formulierten, verklausulierten und von einer großen Mehrheit der französischen wie der tschechoslowakischen Bevölkerung herzlich verabscheuten – Verträge mit Recht nicht ernst. Freudig bewegt, hielt er seinen engsten Mitarbeitern im August ein außenpolitisches Privatissimum: „[M]it England ewiges Bündnis. Gutes Verhältnis Polen. Kolonien in beschränktem Umfang. Dagegen nach Osten Ausweitung. Baltikum gehört uns. Ostsee beherrschen." In einigen Jahren bevorstehende Konflikte zwischen Italien und den Westmächten beziehungsweise zwischen Rußland und Japan im Auge, schloß er: „Dann kommt unsere große geschichtliche Stunde. Wir müssen dann parat sein." Goebbels schwärmte: „Grandioser Ausblick. Wir sind alle tief ergriffen."

---

[82] ADAP, Serie C, Bd. IV/1, Nr. 46; zum folgenden vgl. ebenda, Nr. 104.
[83] Goebbels, Tagebücher, Teil I, Bd. 3/I, S. 249f.; das folgende Zitat findet sich ebenda, S. 279.

III. Rückkehr zur „Achse" Berlin – Rom: zweites deutsch-englisches Mißverständnis

Wenn sie an das kommende deutsch-britische Bündnis dachten und an die Möglichkeit glaubten, Jugoslawien, ja die ganze Kleine Entente von Frankreich „absprengen" zu können, wenn sie außerdem die Vergrößerung und Modernisierung der Wehrmacht in den Blick nahmen, neigten die nationalsozialistischen Führer schon jetzt zu einer Keckheit, die Schlimmstes für die Zukunft ankündigte. Am 17. Januar 1935 ließ Außenminister Neurath die Botschafter in London, Paris, Rom, Moskau, Warschau, Washington und die Gesandtschaft in Bern wissen, was man in Berlin von den britischen Versuchen hielt, Deutschland in internationale Systeme zurückzuholen: „Wir denken gar nicht daran, nach Genf zurückzukehren". Und weiter: „Auch die Zukunft des Völkerbunds interessiert uns wenig."[1] Einige Wochen danach frohlockte der „Führer": „Es geht [in der Außenpolitik] unberufen von Tag zu Tag aufwärts. Nürnberger [Partei-]Tag 35 wird ‚Tag der Freiheit'." Goebbels ergänzte voll Bewunderung: „Führer ist obenauf. Er hat sich durchgesetzt. Ihm haben wir alles zu verdanken."[2]

Als er erstmals im wieder zum Reich gehörenden Saargebiet sprach, am 1. März 1935 in Saarbrücken, meinte er sogar kräftig genug zu sein, drohende Blitze Richtung Rom schleudern zu dürfen. „Und dieser Tag soll zugleich eine Lehre sein", sagte er,

„eine Lehre für alle die, die [...] sich einbilden, [...] aus einer Nation einen Teil herausreißen zu können, um ihm seine Seele zu stehlen. [...] Am Ende ist das Blut stärker als alle papiernen Dokumente. Was Tinte schrieb, wird eines Tages sonst durch Blut wieder ausgelöscht. [...] Wehe dem, der aus diesen Tatsachen nicht lernen will."

Die österreichische Regierung legte Protest ein, da sie die Passage naturgemäß auf sich bezog, und Mussolini dürfte aus dem gleichen Grund nicht allzu amüsiert gewesen sein. Staatssekretär von Bülow wies die Chefs der deutschen Auslandsmissionen an, der österreichischen Interpretation der „Führer-Worte" entgegenzutreten und zu

---

[1] ADAP, Serie C, Bd. III/2, Nr. 446.
[2] Goebbels, Tagebücher, Teil I, Bd. 3/I, S. 181.

erklären, Hitler habe lediglich die „Bestimmungen des Vertrags von Versailles über das Saargebiet" im Auge gehabt[3]. In Wien wird diese nicht sonderlich geschickte Ausrede so wenig überzeugt haben wie in Rom, wo man sich überdies gefragt haben muß, was denn im Lichte solcher Bemerkungen von Hitlers so häufig beschworenem Verzicht auf Südtirol zu halten sei.

Gelegentlich tauchten sogar schon weltpolitische Aspirationen auf, Rezepte für eine global operierende Außen- und Kriegspolitik. Im September 1931 hatte Japan die formal zu China gehörende Mandschurei mit Waffengewalt von China losgelöst und am 1.März 1932 der Welt als souveränen Staat Mandschukuo präsentiert; de facto war er ein japanisches Protektorat. In Berlin und Rom war das Abenteuer Japans mit größter Aufmerksamkeit verfolgt worden, verriet es doch die Ambition Tokios, im Fernen Osten imperialistische Wege zu gehen, die unweigerlich zum Konflikt mit der Sowjetunion führen mußten. Daß Japan die Kritik des Völkerbunds mit dem Austritt aus der Genfer Institution beantworten durfte, ohne sich damit Nachteile einzuhandeln, wurde in Rom und Berlin ebenfalls sehr genau registriert. Das zweite fiel vornehmlich den italienischen Faschisten auf, das erste den deutschen Nationalsozialisten.

Angesichts der generellen Zunahme der außenpolitischen Zuversicht wurde nämlich in Berlin bereits die Lebensraum-Phantasie recht lebhaft beredet. Als Hitler im März 1935 Sir John Simon und Anthony Eden empfing, bestritt er zwar aus taktischen Gründen, daß er expansionistische Absichten hege, konnte sich aber nicht enthalten, auch hier die „großen, weiten Flächen" des Ostens zu erwähnen[4]. Und Hjalmar Schacht, zu dieser Zeit nicht nur Präsident der Reichsbank, sondern überdies Reichswirtschaftsminister, schrieb am 19.März 1935 an Franz Xaver Ritter von Epp, Reichsstatthalter in Bayern, mit dem er sich – Epp war zugleich Leiter des Kolonialpolitischen Amts der NSDAP – im Wunsch nach deutschen Kolonien in Übersee einig wußte: „Die Idee von dem zu erwerbenden Ostraum stiftet leider viel Unheil [in der NSDAP] an." Schacht, der sich damit in einen schroffen Gegensatz zu Hitlers außenpolitischen Zielen setzte, begründete im übrigen seine Ablehnung des Lebensraum-Programms mit Argumenten, die zeigten, wie altmodisch-wilhelminisch er dachte: Unbeschadet gewisser Grenzkorrekturen müsse

---

[3] ADAP, Serie C, Bd. III/2, Nr.524.
[4] Ebenda, Nr.555; das folgende Zitat findet sich im selben Band, Nr.544.

„man sich doch einmal darüber klar werden, daß Polen ein Land ist, das nicht sehr viel weniger dicht bevölkert ist als Deutschland [...]. Entscheidend aber ist, daß man auf der ganzen Ostlinie [...] nur Platz machen könnte durch eine glatte Entvölkerung der betreffenden Gebiete, die in heutiger Zeit auch bei noch so entscheidendem Siege kein vernünftiger Mensch mehr für möglich halten wird."
Deutschland müsse, so folgerte er, „auf die Wiederaufnahme seiner unter Bismarck begonnenen Kolonialpolitik bestehen". Zwei Jahre nach dem 30. Januar 1933 war Schacht offensichtlich noch immer nicht klar, mit welchen Leuten er sich eingelassen hatte, und so schickte er einen Durchschlag seines Schreibens ungeniert an den „Führer" und Reichskanzler. Es muß offen bleiben, ob Hitler lächelte, als er diese Auslassungen las, weil ihn die Naivität des „nützlichen Idioten" amüsierte, oder ob es ihn doch verstimmte, daß seine große Vision von einem erstrangigen Fachmann so verständnislos abgefertigt wurde. Jedenfalls zeigt Schachts Brief, daß schon bald nach Hitlers Machtübernahme viele Nationalsozialisten ungescheut von ihrem Traum sprachen, demnächst ihre Fahnen in den Ostwind zu heben, wie es in einem oft gesungenen Lied der NS-Bewegung hieß.

Da die Gedanken bereits nach Osten schweiften, war es nicht verwunderlich, daß die NS-Führung nach weiteren Bundesgenossen Ausschau hielt, neben England und in einer anderen Rolle als das britische Empire. Das Vorgehen Japans zog die Blicke magisch auf sich. Da war ein Staat mit imperialistischer Tendenz, der sich russischen Interessengebieten zu nähern begann und der früher oder später mit der Sowjetunion auch militärisch zusammenstoßen mußte. Bei Hitler, Ribbentrop und anderen nationalsozialistischen Außenpolitikern reifte die Überlegung, daß man in Japan einen natürlichen Verbündeten besitze. Erster Schritt zur Annäherung an Japan mußte die von vielen Staaten bislang verweigerte Anerkennung Mandschukuos und damit des japanischen Festsetzens in China sein. Im Auswärtigen Amt mißfielen derart globale Fantasien; Staatssekretär von Bülow hatte sich schon vor 1933 unter einer auch damals diskutierten „Weltpolitik", die mit dem japanischen Imperialismus kalkulierte, „nichts vorstellen" können[5]. Die professionellen Außenpolitiker meinten, daß die politischen und vor allem die wirtschaftlichen Interessen Deutschlands in Fernost eine positive Chinapolitik erforderten, nicht eine Allianz mit Japan. Auch hielt

---

[5] PA/AA, R 29518, Bernhard von Bülow an Herbert von Dirksen vom 14.6.1932.

sich im Amt die Auffassung, daß das Verhältnis zu Rußland wieder gebessert werden müsse, jedenfalls nicht noch verschlechtert werden dürfe. Ganz im Sinne der revisionspolitisch orientierten Traditionalisten des Auswärtigen Amts wies Bülow den von Moskau nach Tokio gewechselten Herbert von Dirksen am 10. Januar 1934 an, den Japanern nicht allzu nahe zu kommen[6]; eine Anerkennung Mandschukuos, fügte Außenminister Neurath acht Tage später hinzu, werde vorerst nicht erwogen, auch aus Rücksicht auf Rußland. Dirksen antwortete jedoch, und zwar unter Berufung auf Hitler, man habe ihn nach Tokio geschickt, „um eine Vertiefung und einen Ausbau der deutsch-japanischen Beziehungen herbeizuführen"; in den Verhandlungen gehe es auch um die Anerkennung Mandschukuos[7]. Was Hitler wirklich im Auge hatte, wenn er gelegentlich über einen kommenden japanisch-sowjetischen Konflikt spekulierte, äußerte er in vertrautem Kreise: „Japan wird Rußland verdreschen. Und dieser Koloß wird ins Wanken kommen. Und dann ist unsere große Stunde da. Dann müssen wir uns für 100 Jahre an [mit] Land eindecken."[8]

Doch das deutsch-englische Flottenabkommen täuschte Hitler nicht ernstlich darüber hinweg, daß von einem Bündnis zwischen Deutschland und Großbritannien noch keine Rede sein konnte, und das Bramarbasieren im kleinen Führungszirkel verstellte beim „Führer" nicht die Einsicht, daß eine Allianz mit Japan ebenfalls noch nicht existierte und überdies womöglich der Annäherung an England in die Quere kommen konnte, da ja der japanische Imperialismus auch die fernöstlichen Interessen der angelsächsischen Seemächte angriff. Zwar suchte Ribbentrop schon vor seiner Zeit als Botschafter in London antienglisch und für Weltpolitik mit Japan zu wirken[9], aber noch hörte Hitler nicht auf ihn und ließ sich eher

---

[6] ADAP, Serie C, Bd. II/1, Nr. 174; zum folgenden vgl. ebenda, Nr. 198.
[7] ADAP, Serie C, Bd. II/2, Nr. 237.
[8] Bereits im August 1935 sah er einen Konflikt Japan – Rußland „vor der Tür" und fügte hinzu: „Dann kommt unsere große geschichtliche Stunde." Goebbels, Tagebücher, Teil I, Bd. 3/I, S. 279. Und am 30.11.1937 sagte er: „Japan wird China zerschmettern. [...] Ist China mit Japans Macht zerschmettert, geht Tokio an Moskau heran. Das ist dann unsere große Stunde." Goebbels, Tagebücher, Teil I, Bd. 4, S. 429. Die im Text wiedergegebene Äußerung stammt vom 9.6.1935; vgl. Goebbels, Tagebücher, Teil I, Bd. 3/II, S. 102.
[9] Vgl. Goebbels, Tagebücher, Teil I, Bd. 3/I, S. 204. Später klagte Ribbentrop bei Goebbels, er solle England zu Deutschland herüberziehen, ohne zu wissen wie. Hingegen stehe „Japan fest an unserer Seite. Unser Abkommen mit ihm [sei] nur eine Haube. Dahinter sehr umfangreiche militärische Abmachungen." Goebbels, Tagebücher, Teil I, Bd. 3/II, S. 340. Vgl. auch

von probritischen Stimmen beeinflussen. Jedenfalls meinte Hitler zu wissen, daß es noch etliche Jahre dauern werde, bis eine deutsch-englische Allianz unter Dach und Fach gebracht oder eine Verständigung über eine globale Herrschaftsteilung zwischen dem Deutschen Reich und Großbritannien erreicht werden könne. Auch dämmerte in Berlin die Einsicht, daß das deutsch-polnische Abkommen zu keiner Lockerung der polnisch-französischen Beziehungen geführt hatte; in dieser Hinsicht war die „ungesunde Romanze" zwischen Warschau und Berlin ohne Ergebnis geblieben und der „Verrat" an den Deutschen in Westpreußen, Danzig und Ostoberschlesien nicht honoriert worden. Als noch weit störender mußte es die NS-Führung jedoch empfinden, daß die Versuche, die aufgekündigte „Achse" Berlin-Rom durch eine „Achse" Berlin-Belgrad zu ersetzen, sowohl am mangelnden Gewicht wie an der anders gearteten Interessenlage Jugoslawiens kläglich scheiterten. Es konnte nicht gelingen, Jugoslawien von der Kleinen Entente abzusprengen[10] oder gar alle drei Staaten der Kleinen Entente von Frankreich zu lösen; der Flirt mit Jugoslawien brachte nichts weiter ein als eine noch lange fühlbare Verstimmung des seit langem mit Berlin verbundenen Ungarn – wieder ein „Verrat", den die NS-Führung in ihrem Dilettantismus leichten Herzens beging und über den sie sich mit der törichten Bemerkung hinwegtröstete, daß man von Ungarn ohnehin nichts habe. Die zweite Folge der Avancen, die Hitler der jugoslawischen Regierung machen ließ, bestand darin, daß Italien, das Südosteuropa als seine Interessensphäre betrachtete, einen weiteren Grund zu haben glaubte, Deutschland mit Feindschaft zu begegnen.

In der Tat verschlechterten sich die deutsch-italienischen Beziehungen von Monat zu Monat. Die italienische Presse erging sich in böser Kritik an nationalsozialistischen Führern und an den Verhältnissen in Deutschland, die deutsche Presse schlug ebenso heftig zurück[11]. Die unangenehmste Konsequenz dieser Feindseligkeit

---

Wolfgang Michalka, Joachim von Ribbentrop und die deutsche Englandpolitik 1933–1940. Studien zur außenpolitischen Konzeptionen-Diskussion im Dritten Reich, Mannheim 1976.
[10] Am Gedanken, Jugoslawien zu gewinnen, wurde aber hartnäckig festgehalten. So notierte Goebbels am 23.10.1934 als Meinung Hitlers: „Südslawien muß auf unsere Seite gezogen werden." Goebbels, Tagebücher, Teil I, Bd. 3/I, S. 124; zum folgenden vgl. ebenda.
[11] Vgl. ebenda, S. 86, und ADAP, Serie C, Bd. III/1, Nr. 132; zum folgenden vgl. ebenda, Nr. 152, und ADAP, Serie C, Bd. III/2, Nr. 542. Zu den deutsch-italienischen Beziehungen dieser Jahre vgl. noch immer das Standardwerk von Jens Petersen, Hitler – Mussolini. Die Entstehung der Achse Berlin – Rom 1933–1936, Tübingen 1973.

wurde in Berichten deutlich, die Hassell aus Rom sandte[12] oder auch Hoesch aus London, nachdem er von den dortigen italienischen Diplomaten entsprechende Äußerungen gehört hatte: Das italienisch-französische Verhältnis wurde, im Zeichen einer antideutschen Interessengemeinschaft, von Woche zu Woche besser. Das spürte die NS-Führung deshalb schmerzhaft, weil es die Stellung Frankreichs auf dem Kontinent in einem bedenklichen Ausmaß zu stärken schien. War Frankreich vom Druck des italienischen Imperialismus befreit, gewannen auch die französischen Allianzen Gefährlichkeit, sowohl die in den zwanziger Jahren wie die jetzt geschlossenen. So notierte Goebbels Mitte April 1935 besorgt: „Paris ist doch auf bestem Wege, seine Militärbündnisse unter Dach und Fach zu bringen. Man darf die Gefahren nicht unterschätzen. Das heißt also, daß unsere einzige Rettung in der Macht liegt. Also rüsten"[13].

Hitler wurde gelegentlich sogar von den Befürchtungen wieder befallen, die ihn 1933 beschäftigt hatten. Gewiß herrschte in ihm zumeist das Gefühl vor, bereits Unangreifbarkeit erreicht zu haben; offensichtlich überschätzten die Westmächte schon früh die militärische Stärke Deutschlands erheblich – ein Fehlurteil, das von der nationalsozialistischen Propaganda nicht ungeschickt bewußt und von der kriegerischen Selbstdarstellung des Regimes auch unbewußt genährt wurde[14]. So sagte Hitler des öfteren, mit einer Erleichterung, die nicht frei von Verachtung war, Frankreich habe seine Stunde verpaßt, vor Präventivschlägen sei das Dritte Reich mittlerweile sicher. Angesichts der unbequemen Lage, in die er das Deutsche Reich durch die Vergrämung Italiens gebracht hatte, mischten sich in sein Selbstbewußtsein aber oft genug auch Ängste. Wann immer es in Europa zu Krisen kam, die nach seiner Auffassung leicht zu militärischen Konflikten führen konnten, suchte ihn die Furcht heim, daß Frankreich solche Gelegenheiten zu einem Angriff auf Deutschland nutzen werde. Aus zwei Gründen lastete diese Furcht zuweilen wie ein Alpdruck auf ihm: Erstens nahm er offenkundig an, Großbritannien sei trotz aller Fortschritte im deutschbritischen Verhältnis nach wie vor eng an Frankreich gebunden und werde sich daher an französischen Aktionen gegen das Reich beteiligen. Zweitens wies das Reich in seinen Augen noch keines-

---

[12] Vgl. dazu allgemein Ulrich von Hassell, Römische Tagebücher und Briefe 1932–1938, hrsg. von Ulrich Schlie, München 2004.
[13] Goebbels, Tagebücher, Teil I, Bd. 3/I, S. 219.
[14] Als Goebbels (Tagebücher, Teil I, Bd. 3/I, S. 146) Ende November 1934 notierte, daß in Paris „Kriegsangst" herrsche, setzte er hinzu: „Gut so! Sollen uns für stärker halten als wir sind." Zum folgenden vgl. ebenda, S. 136.

wegs einen Rüstungsstand auf, der es erlaubt hätte, sich in kriegerische Auseinandersetzungen einzulassen. Wohl neigte auch er zur Überschätzung der sich zur Wehrmacht mausernden Reichswehr, jedoch nicht im gleichen Maße wie angelsächsische oder französische Politiker und sogar Militärs. So sah er sich gerade im ersten Halbjahr 1935 mehrmals zu dem sorgenvollen Ausruf gedrängt: „[W]enn man uns nur nicht überfällt."[15] Und europäische Krisenherde, die ihm der Natur nach eigentlich hätten willkommen sein müssen, kommentierte er regelmäßig mit der fast vorwurfsvollen Bemerkung, das komme doch drei oder vier oder fünf Jahre zu früh[16]. Hitler sei „sehr ernst und nachdenklich", notierte Goebbels bei einem solchen Anlaß. Noch war ja nicht einmal der Vertrag von Locarno abgeschüttelt, mit dem sich Deutschland 1925 zur Entmilitarisierung des Rheinlands verpflichtet hatte. Hitler selbst hatte öffentlich und in Gesprächen mit ausländischen Politikern einige Male versichert, daß er sich strikt an die Bestimmungen von Locarno halten werde[17].

Die Situation sollte sich aber noch im Laufe des Jahres 1935 grundlegend ändern. Das lag keineswegs an genialen Schachzügen des „Führers", dem nicht mehr einfiel als „warten und rüsten". Vielmehr war es ein Unternehmen Mussolinis, das die Dinge umstürzte: Mussolini hatte offenbar schon 1933 den Entschluß gefaßt, den bereits vor 1922 recht gierigen italienischen Imperialismus mit einer Großtat des faschistischen Regimes fortzusetzen, nämlich mit der Eroberung des Kaiserreichs Abessinien, mit der die italienischen Imperialisten bereits lange vor dem Weltkrieg geliebäugelt hatten; damals, 1896, war dem italienischen Abenteuer ein unrühmliches Ende beschieden, da Kaiser Menelik die italienischen Truppen bei Adua vernichtend schlug. Jetzt schien es Mussolini an der Zeit, dieses schmachvolle Resultat zu korrigieren und vor allem Tendenzen wiederaufzunehmen, die ihn schon in den zwanziger Jahren verführt hatten, die Hand nach der Italien gegenüberliegenden Küste und nach griechischen Inseln auszustrecken; nachdem die Westmächte ihm auf die Finger geklopft hatten, mußte er die Hand allerdings wieder zurückziehen, da Italien durch den Krieg ausgeblutet und erschöpft, außerdem das faschistische Regime noch ungefestigt war, folglich ein ernster Konflikt namentlich mit Großbritannien nicht riskiert werden durfte. Inzwischen hatten sich die

---

[15] So am 5.4.1935; ebenda, S. 212.
[16] So etwa am 19.10.1935 vor den Ministern und den Spitzen des Militärs; ebenda, S. 313; das folgende Zitat findet sich ebenda, S. 210.
[17] Vgl. Eden, Memoirs, Bd. 1, S. 62.

Dinge aber, jedenfalls nach seiner Meinung, gebessert[18]. Das faschistische Regime schien ihm sicher verankert und Italien – nicht zuletzt durch die mentale Erziehungsarbeit der faschistischen Bewegung – genügend gekräftigt[19].

Nun war Abessinien, das einzige afrikanische Gebiet, das keinen Kolonialherrn hatte, im September 1923 Mitglied des Völkerbunds geworden, nicht zuletzt auf Betreiben Mussolinis, der dann am 2.August 1928 auch noch einen Freundschafts- und Schiedsvertrag mit dem Kaiserreich abgeschlossen hatte. Jedoch scheint er des Glaubens gewesen zu sein, dabei habe es sich um vorbereitende Schritte zur Annexion gehandelt, und all das brauche ihn nicht zu stören. Daß es der Völkerbund nicht fertiggebracht hatte, die japanische Invasion der Mandschurei zu verhindern, rückgängig zu machen oder wenigstens zu bestrafen, nahm er offensichtlich als Beweis dafür, daß es einer Großmacht noch immer erlaubt sei, in Asien und Afrika einen Kolonialkrieg zu führen, zumindest dann, wenn britische, französische und amerikanische Interessen nicht direkt berührt wurden. Im übrigen war er felsenfest davon überzeugt, einen Trumpf in der Hand zu halten, der stechen mußte: War er für England und Frankreich nicht unentbehrlich im Ring um das nationalsozialistische Deutschland geworden?

Ob ihm französische Politiker wie Ministerpräsident Pierre Laval, der im Januar 1935 mit ihm zusammentraf, freie Hand gegen Abessinien zubilligten, wird nie zu klären sein. Sicher ist, daß Laval in seiner Unterredung mit Mussolini nicht die klare Sprache führte, die erforderlich gewesen wäre, hätte er den „Duce" abschrecken wollen. Auch die britische Regierung gab im Laufe des Jahres 1934 und bis zum Herbst 1935 keine deutlichen Signale; der Vorschlag des britischen Gesandten in Addis Abeba, Sir Sidney Barton, blieb unbeachtet:

„Ich persönlich sehe nur einen Kurs, der möglicherweise etwas verhindern könnte, das allgemein als internationales Verbrechen angesehen wird: England und Frankreich erklären Italien rundheraus, daß es Abessinien nicht bekommen kann."[20]

Kein Wunder, daß Baron Aloisi, Italiens Vertreter beim Völkerbund, im August 1935 zu Anthony Eden sagen konnte, Italien habe „nie-

---

[18] Vgl. Friedrich Siebert, Italiens Weg in den Zweiten Weltkrieg, Frankfurt a.M. 1962.
[19] Zur Radikalisierung des italienischen Faschismus vgl. Hans Woller, Rom, 28.Oktober 1922. Die faschistische Herausforderung, München 1999, S.182–204.
[20] Zit. nach Eden, Memoirs, Bd.1, S.198; zum folgenden vgl. ebenda, S.250 und S.220.

mals mit dem Widerstand Englands in dieser Frage gerechnet". Fulvio Suvich faßte Mussolinis Ansicht sogar dahin zusammen, daß Italien beim Griff nach Abessinien ein Recht auf den Beistand Englands und Frankreichs habe.

Als sich die italienischen Truppen am 3. Oktober 1935 gegen Abessinien in Bewegung setzten, war dem „Duce" also nicht bewußt, daß er eine äußerst bedenkliche Entwicklung in Gang setzte[21]. Es gab in England und Frankreich, gewiß auch in Italien, durchaus Politiker, die sehr wohl verstanden, was da geschah, etwa Winston Churchill[22]. Aber Churchill war ohne politischen Einfluß, und Anthony Eden, der in der britischen Regierung den Fall Abessinien am klarsten beurteilte, beteiligte sich vor der offenen Gewaltanwendung Italiens an Versuchen zur Beschwichtigung Mussolinis, die dem Kaiserreich territoriale Opfer gekostet hätten. Der 3. Oktober bewirkte indes, daß die tonangebenden Gruppen Großbritanniens in der Italienpolitik deutlicher kontrastierten. Da suchten auf der einen Seite Kräfte Einfluß zu gewinnen, die man als die Völkerbunds-Partei bezeichnen kann. Diese Partei verurteilte das Vorgehen Mussolinis und trat dafür ein, dem Friedensbrecher mit harten Reaktionen das Handwerk zu legen. Die Anhänger der Partei waren tatsächlich von den Prinzipien des Völkerbunds bewegt. Wirtschaftliche oder strategische Interessen Großbritanniens wurden ja durch Mussolinis Aktion nicht verletzt, wie der britische Generalstab den Politikern mitteilte. Allerdings spielte die Überlegung eine Rolle, daß die Straflosigkeit Japans den „Duce" ermuntert habe und die Straflosigkeit Mussolinis den deutschen Diktator ermuntern werde. Winston Churchill ist der Gruppierung bis zu einem gewissen Grade zuzurechnen, doch war er nicht ihr Führer. Ihre Zentralfigur wurde vielmehr Anthony Eden, der sich freilich vorerst nicht aus der Kabinettsdisziplin löste.

Auf der anderen Seite sammelten sich jene, deren Denken nur noch von der Furcht vor Deutschland und vor einer Wiederholung des Krieges von 1914 bis 1918 beherrscht wurde. Ihr außenpolitisches Konzept lief darauf hinaus, Hitler stets mit einer überlegenen

---

[21] Zum diesem in Deutschland lange vergessenen Krieg vgl. Aram Mattioli, Experimentierfeld der Gewalt. Der Abessinienkrieg und seine internationale Bedeutung, Zürich 2005; Asfa-Wossen Asserate/Aram Mattioli (Hrsg.), Der erste faschistische Vernichtungskrieg. Die italienische Aggression gegen Äthiopien 1935–1941, Köln 2006, und Giulia Brogini Künzi, Italien und der Abessinienkrieg 1935/36. Kolonialkrieg oder Totaler Krieg? Paderborn u.a. 2006.

[22] Vgl. Martin Gilbert, Winston Churchill, Bd. V: The Prophet of Truth 1922–1939, London 1977, S. 666.

Mächtegruppierung zu konfrontieren, so daß selbst der gewaltbereite „Führer" einsehen mußte, bei einer mit militärischen Mitteln exekutierten Expansionspolitik ohne Chance zu sein. Für die Verfechter dieser Konzeption lag es jedoch auf der Hand, daß die Zähmung des Deutschen Reiches nur möglich war, wenn Italien – schon als Schirmherr Österreichs – zur Anti-Hitler-Koalition gehörte. Um Mussolini nicht so zu vergrämen, daß er die Koalition womöglich verließ, waren sie bereit, dem „Duce" praktisch jede sonstige politische Sünde nachzusehen. Was Abessinien anging, hielten sie es daher für ein Erfordernis richtiger Deutschlandpolitik, Mussolini in Afrika gewähren zu lassen. Auch diese Gruppierung hatte einflußreiche Wortführer. An ihrer Spitze stand Sir Robert Vansittart, Ständiger Staatssekretär im Foreign Office, der sich allerdings, wie Eden bemerkte, mehr als Minister fühlte und verhielt denn als Beamter[23]. Vansittart war kein geschworener Feind der Deutschen, wie oft gesagt wird und wie er selber im und nach dem Kriege zu behaupten liebte. Wohl aber fühlte er die Gefahr, die Großbritannien und ganz Europa von einem Deutschen Reich drohte, das mächtiger und aggressiver zu werden begann als das Wilhelminische Deutschland. Zu seiner Auffassung bekehrte er auch Außenminister Sir Samuel Hoare, der Sir John Simon abgelöst hatte.

Die seltsame Gemengelage der beiden Gruppierungen – jede war ja im Kabinett repräsentiert – verursachte eine ungewöhnlich inkonsequente Politik. Die Völkerbunds-Partei setzte sich dank Eden immer wieder durch, zumal die völkerbundsfreundliche öffentliche Meinung nicht ignoriert werden konnte. So erzwang die britische Regierung in Genf einige wirtschaftliche Sanktionen gegen Italien. Doch Widerstand der Parteigänger Italiens verhinderte ernsthafte Maßnahmen. Andererseits scheiterten Versuche Hoares und seiner politischen Freunde, Mussolini weitgehend freie Hand zu geben. Am 7. und 8. Dezember 1935 heckten Hoare und Pierre Laval einen Plan aus, der große Teile Abessiniens Italien zuschlagen und beträchtliche weitere Teile sowohl italienischer Einwanderung öffnen wie auch italienischer Verwaltung unterstellen wollte. Die Öffentlichkeit in Frankreich und namentlich in Großbritannien reagierte auf einen derart ungenierten „Verrat" an Abessinien, am Völkerbund und an den Prinzipien der kollektiven Sicherheit mit heller Empörung. Hoare mußte zurücktreten, sein Amt übernahm Anthony

---

[23] Vgl. Eden, Memoirs, Bd. 1, S. 241, sowie Ian G. Colvin, Vansittart in Office, London 1963.

Eden. Das sah nach einem Erfolg der Völkerbunds-Partei aus. Eden war ja schließlich der Meinung,
 „daß, wenn der Völkerbund in Abessinien Erfolg haben sollte, die Politik der Nazis wahrscheinlich für etliche Jahre einen moderaten Kurs verfolgen würde. Wenn jedoch andererseits Mussolini zeigen sollte, daß der Völkerbund ungestraft verhöhnt werden kann, dann würden Forderungen der Nazis an andere Länder sehr bald und sehr dreist gestellt werden."[24]
Indes war Eden noch ohne ausreichenden Anhang im Unterhaus, und daher änderte seine Ernennung nichts an der britischen Politik. Kurzum: Verfolgte die Londoner Regierung gegenüber Deutschland Appeasement-Politik, so wurde dies nun dadurch ergänzt, daß das Kabinett auch gegenüber Italien in eine gestenreiche moralische Verurteilung Mussolinis kräftige Appeasement-Elemente mischte.

Eine solche Politik mußte ihr Ziel verfehlen. Der „Duce" wurde nicht an seinem Abessinien-Abenteuer gehindert, sah sich aber doch ständig behindert und belästigt; die Folgen waren wachsende Verstimmung und Verärgerung. Auch zerrte es an seinen Nerven, daß Eden immerhin eine zwar ergebnislose, doch längere Debatte zu der Frage anstieß, ob die Sanktionen gegen Italien auch auf Öl ausgedehnt werden sollten. Hier drohte eine reale Gefahr. Im September 1938 sagte Mussolini zu Hitler: „Hätte der Völkerbund im Abessinienkonflikt den Rat Edens befolgt und die Wirtschaftssanktionen gegen Italien auf das Öl ausgedehnt, dann hätte ich innerhalb von acht Tagen den Rückzug aus Abessinien antreten müssen. Es wäre eine unausdenkbare Katastrophe für mich gewesen."[25] Nicht zuletzt deshalb begann der „Duce" darüber nachzudenken, wie er denn seine imperialistischen Absichten im nordwestlichen Afrika oder auf dem Balkan verwirklichen sollte, wenn die Westmächte schon bei Abessinien eine solche Aufregung an den Tag legten.

Ohne einen Bruch mit den Westmächten zu forcieren, tat Mussolini genau das, was Vansittart, Hoare und Laval zu vermeiden gesucht hatten: Meter um Meter zog er sich aus der mit England und Frankreich bestehenden Anti-Hitler-Front zurück, und Meter um Meter rückte er wieder an die Macht heran, die er im Grunde stets als natürliche Gefährtin italienischer Expansion angesehen hatte, an Deutschland. Kaum hatte er bemerkt, daß er mit seinem Unternehmen bei den Westmächten kein ganz leichtes Spiel haben werde,

---

[24] Eden, Memoirs, Bd. 1, S. 267.
[25] Paul Schmidt, Statist auf diplomatischer Bühne 1925–1945. Erlebnisse des Chefdolmetschers im Auswärtigen Amt mit den Staatsmännern Europas, Frankfurt a.M. [10]1964, S. 342.

ließ er die deutsche Führung wissen, daß zwischen Italien und Deutschland doch einzig und allein die Österreichfrage stehe und daß ein Problem dieser Art sicherlich aus der Welt zu schaffen sei[26]. Schon Ende Mai 1935 ging er jedoch einen entscheidenden Schritt weiter. Hatte er sich vierzehn Tage zuvor, in einer Unterhaltung mit Hassell, noch darauf beschränkt, beziehungsvoll zu sagen, in Rom werde man genau registrieren, „wie sich die einzelnen [Staaten] in dieser Frage stellten"[27], so gab er nun zu verstehen, daß er unter Umständen durchaus bereit sei, Österreich seine schützende Hand zu entziehen. Es sei ihm klar, so bemerkte er zu Hassell, daß das Deutsche Reich nicht abstinent bleiben könne, wenn in Wien die österreichischen Nationalsozialisten ans Ruder kämen; bislang hatte er den Standpunkt vertreten, daß Italien schon eine solche Gleichschaltung Österreichs – auch bei Wahrung der formalen Souveränität des Staates – nicht hinnehmen könne. Darüber hinaus gab er Hitler einen nicht mißzuverstehenden Wink, indem er die Frage aufwarf, ob der französisch-sowjetische Beistandspakt wohl mit den Abmachungen von Locarno vereinbar sei, ob also, durften Hassell und das Auswärtige Amt ergänzen, Italien, eine der Garantiemächte von Locarno, verpflichtet sei, in Aktion zu treten, falls Hitler das Rheinland remilitarisiere.

Daß Mussolini derart deutlich seine Bereitschaft bekundete, Deutschland in zwei außerordentlich wichtigen Fragen entgegenzukommen, ergab sich aber nicht allein aus der Verschlechterung der Beziehungen zwischen Italien und den Westmächten, auch noch nicht so sehr aus der Wiederbelebung seiner Hinneigung zur Partnerschaft – oder Komplizenschaft – mit Deutschland. Anfänglich bewegte ihn vor allem die Furcht, das nationalsozialistische Deutschland könne sich, nachdem die „Achse" Berlin-Rom in die Brüche gegangen war und Italien mit den Westmächten gegen das Reich kooperiert hatte, im Fall Abessinien den Gegnern Italiens anschließen. Die Furcht war keineswegs unbegründet.

Bei Hitlers Reaktion auf Mussolinis Abessinien-Unternehmen sind drei Phasen zu unterscheiden. Als 1934/35 nicht mehr zu übersehen war, daß der „Duce" die Absicht hatte, Abessinien in Besitz zu nehmen, legte der „Führer" jene Nervosität an den Tag, die er damals immer zeigte, wenn internationale Verwicklungen drohten.

---

[26] So Mussolini in einem Gespräch mit dem deutschen Militärattaché in Rom, Herbert Fischer, am 23.11.1934; ebenso in einer Unterhaltung mit dem Luftfahrtattaché, Otto Hoffmann von Waldau, am 1.1.1935. ADAP, Serie C, Bd. III/2, Nr. 352 und Nr. 406.

[27] ADAP, Serie C, Bd. IV/1, Nr. 87; zum folgenden vgl. ebenda, Nr. 121.

Noch fühlte er sich nicht stark genug, und so kam ihm die Sache zu früh: „Wir müssen noch lange Ruhe haben."[28] Nun mußte aber Mussolini offensichtlich eine Neigung zur „Unbesonnenheit" zugeschrieben werden. Durch sein Vorpreschen konnte sogar eine Situation entstehen, in der die Westmächte nicht nur das faschistische Italien, sondern zugleich auch das nationalsozialistische Deutschland angriffen, so daß das Reich in eine militärische Auseinandersetzung hineingezogen werden konnte. Wenn der Krieg jetzt käme, sagte Hitler, „wäre es entsetzlich". So ließ der „Führer" zunächst das Auswärtige Amt gewähren, das dem Deutschen Reich im Abessinien-Konflikt eine Abstinenz zu verordnen gedachte, die für ganz Europa sichtbar sein sollte. Im Oktober 1934 hatte Suvich auf eine Frage Hassells noch glatt bestritten, daß Italien „aggressive militärische Pläne" gegen Abessinien schmiede[29]. Bereits Ende Dezember 1934 sah sich aber der deutsche Vertreter in Addis Abeba, Legationssekretär Willy Unverfehrt, mit dem Wunsch des Kaisers Haile Selassie nach deutschen Waffenlieferungen konfrontiert. Unverfehrt lehnte das ab, versprach dem Kaiser jedoch politische Unterstützung – offenbar unter dem Eindruck der Verschlechterung des Verhältnisses zwischen Berlin und Rom[30]. Postwendend informierte ihn das Auswärtige Amt, daß Deutschland im italienisch-abessinischen Konflikt „strengste Neutralität" wahren werde. Als sich andererseits die Italiener mehrmals beschwerten, Deutschland helfe Abessinien, holten sie sich jedesmal die kühle Versicherung, ein solcher Verdacht sei „vollkommen unbegründet". Der nämlichen Kühle begegneten die politischen Avancen des „Duce". Es überraschte in Berlin nicht, daß Italien, je rascher es dem abessinischen Abenteuer entgegen „schlidderte]"[31] und je klarer sich Widerstand von Völkerbund und Westmächten formierte, desto eifriger um die Gunst Deutschlands zu buhlen begann. Aber vor dem 3. Oktober 1935 blieb Hitler taub. Die Annäherungsversuche wurden zwar registriert und nicht gerade zurückgewiesen, aber auch nicht aufgenommen. Dies fand die volle Zustimmung jener Mitarbeiter des „Führers", die den Verzicht auf Südtirol nicht verwunden hatten und in denen die Erinnerung noch brannte an den

---

[28] Goebbels, Tagebücher, Teil I, Bd. 3/I, S. 210, die folgenden Zitate finden sich ebenda, S. 212.
[29] ADAP, Serie C, Bd. III/1, Nr. 230.
[30] ADAP, Serie C, Bd. III/2, Nr. 402; die folgenden Zitate finden sich ebenda, Nr. 403 und Nr. 557.
[31] Goebbels, Tagebücher, Teil I, Bd. 3/I, S. 251; die folgenden Zitate finden sich ebenda, S. 238, S. 288 und S. 184.

angeblichen „Verrat" Italiens nach der Ermordung von Dollfuß. So kommentierte Goebbels Ende Mai 1935 eine Rede Mussolinis im römischen Senat recht grimmig: „Zwischen uns nur österreich. Problem.' Gewiß. Und die notorische italienische Untreue, die wir jetzt nicht mehr vergessen." Noch am 6. September notierte Goebbels: „Ich berichte dem Führer das Neueste. Italien sucht neue Verbindungen. [...] Führer bleibt reserviert."

In diesen Monaten der Neutralität traten allerdings auch schon Tendenzen der zweiten Phase auf, in der sich Hitler zum dezidierten Anti-Italiener wandelte. Wann immer er über Außenpolitik und den italienisch-abessinischen Krieg „brütet[e]", machte sich von Mal zu Mal der Gedanke breiter, daß dieser Konflikt der nationalsozialistischen Politik auch positive Möglichkeiten biete. Brachen die Feindseligkeiten aus und reagierte danach das britische Empire so, wie man es von den hartgesottenen Staatsmännern in London füglich erwarten durfte, nämlich mit der gewaltsamen Vereitelung der italienischen Ambitionen, dann war der Augenblick gekommen, sich offen auf die Seite der Briten zu schlagen. Mit anderen Worten: Mussolinis Einfall in Abessinien konnte sich als unerwartet frühe Gelegenheit erweisen, der deutsch-britischen Generalverständigung einen langen Schritt näher zu kommen, weit über das Flottenabkommen hinaus. Stellten Hitler und seine Umgebung zunächst fest, daß sich Mussolini so weit vorgewagt und sein Prestige so sichtbar aufs Spiel gesetzt habe, daß er „selbstverständlich [...] marschieren" werde[32], so konstatierte Goebbels bereits am 19. August 1935, der Krieg in Abessinien sei unvermeidlich: „Der Führer ist glücklich." Und als sich in Berlin einige Tage später der Eindruck festigte, daß England energisch Front gegen Italien machen werde, bemerkte der Reichspropagandaminister: „Hoffentlich!" Der Führung fiel diese anti-italienische Haltung um so leichter, als sie beobachtete, wie unpopulär Italien bei der deutschen Bevölkerung war, nach wie vor, Faschismus hin, Faschismus her, und welch starke Welle der Sympathie für Abessinien, als schwaches Opfer, das Land zu erfassen begann[33].

Nachdem die italienische Armee am 3. Oktober tatsächlich in Abessinien eingefallen war, kam es jedoch zu einem Schwenk der deutschen Politik um 180 Grad – wenn auch nicht sofort. Als briti-

---

[32] Ebenda, S. 267; die folgenden Zitate finden sich ebenda, S. 279 und S. 281.
[33] Vgl. ebenda, S. 312; Goebbels (ebenda, S. 308), auch über Hitlers Haltung: „Aber mit dem Herzen ist man bei den Abessiniern." Die folgenden Zitate finden sich ebenda, S. 285f. und S. 297.

sche Politiker wie Eden im Völkerbund immerhin einige wirtschaftliche Sanktionen durchsetzten, als zeitweilig sogar Signale aus London zu kommen schienen, England werde den „Duce" mit dem vollen Einsatz der britischen Flotte zum Abbruch seines Unternehmens zwingen, als außerdem die italienischen Truppen in Abessinien anfänglich nicht gerade glorreich operierten – als mithin Mussolini und das faschistische Italien tief in Schwierigkeiten steckten, da herrschte in Berlin die reine Schadenfreude. Noch kurz vor Beginn der Kampfhandlungen hatte Goebbels die Aussicht auf eine solche Entwicklung mit der kaltherzigen Bemerkung quittiert: „Mussolini ist es jedenfalls zu gönnen." Und zwei Wochen danach wieder: „Aber hier erntet Mussolini den Lohn dafür, daß er uns im vorigen Jahr so demütigte. Wie stünde er jetzt da, wenn er uns auf seiner Seite hätte."

Binnen kurzem entdeckte Hitler jedoch etliche Gründe für eine radikale Kursänderung. Erstens stellte sich rasch heraus, daß die Genfer Debatten samt den Wirtschaftssanktionen nichts als Theaterdonner waren; die endgültige Bestätigung lieferte die Ergebnislosigkeit der Diskussion über die Ausdehnung der Sanktionen auf Öl. Und wenn schon maßvolle Maßnahmen derart umstritten waren oder gar nicht beschlossen werden konnten, verflüchtigte sich alsbald jede Aussicht auf ein militärisches Handeln. Offensichtlich schwand damit auch die Hoffnung – in Hitlers Augen – auf eine kriegerische Aktion Englands gegen Italien. Noch im Dezember 1935 schaffte der Hoare-Laval-Plan gerade in diesem Punkt Gewißheit. Zwar kostete der Aufschrei der Öffentlichkeit Sir Samuel Hoare das Amt des Außenministers, doch hatte der Plan die Billigung von Premierminister Stanley Baldwin gefunden und war gegen den scharfen Widerspruch Edens vom Kabinett gutgeheißen worden; offensichtlich brachten Baldwin und seine Kollegen ihren Außenminister lediglich deshalb – höchst ungern – zum Opfer, weil sie die erregte öffentliche Meinung wieder etwas beschwichtigen zu müssen glaubten. Jedenfalls stand danach fest, daß eine Regierung, die gewillt gewesen war, Kaiser Haile Selassie im Stich zu lassen und den größten Teil Abessiniens italienischer Herrschaft auszuliefern, nicht bereit sein konnte, zur Rettung Abessiniens Krieg zu führen. Angesichts einer solchen Politik Großbritanniens löste sich aber – wiederum in Hitlers Augen – auch die Chance in Luft auf, durch den Anschluß an eine Londoner Aktion gegen Italien englische Freundschaft einzuheimsen. Im übrigen war immer deutlicher zu sehen, daß die Passivität der beiden Westmächte den italienischen Truppen in Abessinien gestattete, sich doch relativ schnell – nicht zuletzt durch brutalste Luftangriffe und Giftgas[34] – durchzusetzen; im Mai 1936 wurde die Eroberung des Landes durch die Einnahme der Hauptstadt Addis Abeba abgeschlossen, und Mussolini konnte den König von Italien auch zum Kaiser von Abessinien proklamieren.

Auf der anderen Seite: Trotz der zaghaften und fast auf moralische Verurteilung beschränkten Haltung von Völkerbund und Westmächten steckten der „Duce" und das faschistische Regime doch monatelang in größten Nöten; es schien sogar nicht ausgeschlossen, daß beide zu Fall kamen. Eine solche Möglichkeit mußte in Berlin, ungeachtet der hämischen Freude über Mussolinis Dilemma, doch zu der Frage führen, ob es sich das nationalsozialistische Deutschland leisten durfte, ungerührt zuzuschauen, wie das faschistische Schwesterregime in sein Unheil stürzte. Konnte nicht das eigene Regime in Schwierigkeiten geraten, wenn der Zusammenbruch des Faschismus das „Weltjudentum" und alle von ihm gesteuerten antifaschistischen und anti-nationalsozialistischen Kräfte in Europa triumphieren ließ und zum Angriff auf das Dritte Reich ermunterte? Riskierte man nicht womöglich in Deutschland selbst den Aufstand der Kommunisten, der Demokraten, der Liberalen, der Kirchen und – auch hier alle aufstachelnd und lenkend – der Juden? Der Geist der Nationalsozialisten war tatsächlich von ideologischen Phantasmen solcher Qualität beherrscht, die daher tatsächlich auf die nationalsozialistische Politik einwirkten. Zehn Tage vor dem italienischen Einmarsch in Abessinien schrieb Goebbels, der nicht nur die Italiener haßte, sondern überdies Kaiser Haile Selassie bewunderte[35]: „Es tut einem leid um den Faschismus. Er steht einem doch näher als die ganze liberale Welt." Und wenig später: „Im letzten Winkel des Herzens zittert man doch für den Faschismus."

Der „Führer" dachte ebenfalls in solchen Kategorien und litt bald unter der „Sorge um Mussolini. Auch um den Faschismus." Aber Hitler erkannte auch, daß die Situation wider die anfängliche Erwartung und anders als danach erhofft doch eine reelle Chance bot, die außenpolitische Lage des Dritten Reiches entscheidend zu verbessern. Da sich Großbritannien nicht gegen Italien bewegte, war offenbar die Möglichkeit gegeben, dem bedrängten „Duce" zu Hilfe zu kommen, ohne die Londoner Regierung zu verärgern. Andererseits schien Mussolini förmlich danach zu fiebern, die Unterstützung Deutschlands nicht nur anzunehmen, sondern auch zu

---

[34] Vgl. Aram Mattioli, Entgrenzte Kriegsgewalt. Der italienische Giftgaseinsatz in Abessinien 1935–1936, in: VfZ 51 (2003), S. 311–337.
[35] Vgl. Goebbels, Tagebücher, Teil I, Bd. 3/I, S. 310; die folgenden Zitate finden sich ebenda, S. 297, S. 299 und S. 333.

honorieren. Konnte aber die vom ungarischen Ministerpräsidenten Julius Gömbös seit Monaten angemahnte „Reparatur" der „gesprungene[n] Achse Berlin-Rom"[36] tatsächlich in Angriff genommen und bis zum Ende durchgeführt werden, wurde ein Ziel sogleich erreicht und rückten zwei weitere Ziele in greifbare Nähe: Das so unangenehm eng gewordene und durch Mussolinis Aktion gegen Abessinien nun erfreulicherweise erschütterte Verhältnis Italien – Frankreich blieb schwer beschädigt; zusätzlich – und nicht weniger wichtig – mochte der „Duce" über die Remilitarisierung des Rheinlands mit sich reden lassen und womöglich sogar über die Aufgabe seiner Rolle als Protektor Österreichs[37]. Am Ende schien die komplette Herstellung der ursprünglich anvisierten Allianz England – Deutschland – Italien zu winken.

Am 13.Oktober 1935 hielt Goebbels fest: „Mussolini geht es schlecht. Die ganze antifaschistische Welt gegen ihn. Das müßte ein Grund für uns sein, mehr auf seine Seite zu treten." Er habe der Presse bereits entsprechende Anweisung gegeben, und diese „neue Haltung" sei vom „Führer" auch gebilligt worden[38]. Hitler selbst hatte schon am 1.Oktober auf Mussolinis Annäherungsversuche reagiert und in einer Unterredung mit Gömbös „alle seine Klagen bzgl. Italien" – das heißt seine Wünsche für die Rückkehr zur alten Freundschaft – aufgeführt, in der sicheren Erwartung, daß sein Gesprächspartner die Liste nach Rom weiterreichen werde. Mitte Oktober sagte Goebbels dann vor den Chefredakteuren der deutschen Presse: „Wir müssen eine Kehrtwendung machen. Zu Italien hin!" Zwar nannte er als Grund: „Wegen des Faschismus, der hier auf dem Spiel steht." Doch dürften Hitler die realen außenpolitischen Gewinne einer Wiederannäherung an Italien noch stärker verlockt haben. Bereits im Januar 1936 begann er über die „Frage der Rheinlandzone" nachzudenken. Und nachdem Mussolini dem deutschen Botschafter in Rom am 6. und 22.Februar in aller Deutlichkeit versichert hatte, daß Italien, wenn Deutschland die Ratifikation des französisch-sowjetischen Vertrags zum Anlaß für die Abschüttelung des Abkommens von Locarno nehmen sollte, nicht mit Frankreich und England gegen das Deutsche Reich vorgehen werde, sah der Propagandaminister seinen „Führer" und Reichskanzler „auf dem Sprung"[39]. Daß er gleichwohl nicht sofort han-

---

[36] ADAP, Serie C, Bd. III/2, Nr. 310.
[37] Vgl. ADAP, Serie C, Bd. IV/1, Nr. 121.
[38] Goebbels, Tagebücher, Teil I, Bd. 3/I, S. 309; die folgenden Zitate finden sich ebenda, S. 301, S. 312 und S. 383.
[39] Vgl. Esmonde M. Robertson, Zur Wiederbesetzung des Rheinlands 1936, in: VfZ 10 (1962), S. 178–205; ADAP, Serie C, Bd. IV/2, Nr. 485; vgl. auch

delte, lag daran, daß er sich jetzt zwar der Haltung Italiens sicher war, nicht aber der Reaktion der Westmächte. Er hatte Augenblicke der Gewißheit: „Frankreich wird nichts machen. England erst recht nicht." Doch dann kamen wieder Zweifel. War es wirklich auszuschließen, daß Frankreich militärisch antwortete? Daß England in einem solchen Falle das französische Vorgehen unterstützte? Daß beide Mächte den deutschen Streich auch ohne Mandat des Völkerbunds und ohne Beteiligung Italiens parierten? War nicht im Dezember Anthony Eden Außenminister geworden, den Goebbels für „antideutsch und antifaschistisch", kurzum für einen „schlechte[n] Tausch" hielt?

Als Hitler Anfang März 1936 den Spitzen der Wehrmacht, dazu Ribbentrop und Goebbels, eröffnete, er habe den Entschluß zur Remilitarisierung des Rheinlands gefaßt, und als am 7.März tatsächlich deutsche Truppen in die entmilitarisierte Zone einrückten, war er daher der Meinung, ein ungeheures Risiko einzugehen; auch in den folgenden Jahren bezeichnete er dieses Unternehmen gelegentlich als das riskanteste seines politischen Lebens. Um die Gefahren, die er sah, wenigstens etwas zu verringern, garnierte er die Note, in der er die Westmächte über seine Aktion unterrichtete, mit Beteuerungen seiner Bereitschaft, Nichtangriffspakte mit Frankreich, Belgien und auch Holland abzuschließen; sogar die Rückkehr in den Völkerbund bot er an, allerdings so verklausuliert, daß er auf die Offerte nicht festzunageln war[40]. Als ihm die Botschafter Englands und Frankreichs gemeldet wurden, nahm er an, daß sie kamen, um ihm harsche britisch-französische Gegenmaßnahmen anzukündigen. Seine Nerven begannen zu flattern, und er war, wie er später Goebbels erzählte, durchaus bereit, die ins Rheinland einmarschierten Truppen wieder zurückzubeordern[41].

In Wirklichkeit erschienen die beiden Diplomaten jedoch nur, um gegen den einseitigen Bruch des Vertrags von Locarno zu protestieren – und Proteste machten in Berlin keinen Eindruck. Hitler begriff nie, daß die Remilitarisierung des Rheinlands nicht seine riskanteste, sondern seine gefahrloseste Aktion war. Wie sollten denn die Westmächte gegen einen Vorgang innerhalb der deutschen Grenzen einschreiten, wenn sie sich nicht einmal gegen die militärische Unterwerfung des Völkerbundsmitglieds Abessinien durch

---

Manfred Funke, 7.März 1936. Zum außenpolitischen Führungsstil Hitlers, in: Michalka (Hrsg.), Nationalsozialistische Außenpolitik, S. 277–324. Zitat in: Goebbels, Tagebücher, Teil I, Bd. 3/I, S. 366; die folgenden Zitate finden sich ebenda und S. 353.
[40] Vgl. Goebbels, Tagebücher, Teil I, Bd. 3/II, S. 31.
[41] Vgl. Goebbels, Tagebücher, Teil I, Bd. 4, S. 43.

das faschistische Italien zu militärischem Widerstand aufrafften? Und wie sollte der eine Garant von Locarno, Großbritannien, gegen eine Verletzung des Vertrags aktiv werden, wenn der andere Garant, Italien, nicht nur passiv blieb, sondern den Vertragsbrüchigen noch ermunterte? Wie schließlich sollte Frankreich gegen den östlichen Nachbarn handeln können, wenn es nicht die aktive Hilfe Großbritanniens fand?

Immerhin erfaßten Hitler und einige seiner Genossen sehr schnell, daß sie in Wahrheit nichts zu befürchten hatten. Schon am Tag nach dem Einmarsch notierte Goebbels: „Frankreich will Völkerbundsrat befassen. Recht so! Es wird also nicht handeln. Das ist die Hauptsache. Alles andere ist Wurscht." Und er setzte hinzu, England bleibe passiv und Frankreich könne nicht allein reagieren: „Der Führer strahlt."[42] In dieser Frage sah Hitler dann in der Tat klar und ließ sich auch nicht mehr beeindrucken, als die Stimmung in London und Paris vorübergehend gefährlicher zu werden schien. In der englischen Hauptstadt habe „sich die Lage versteift", schrieb Goebbels am 15. März:

„Großangriff auf unsere Nerven. Aber das muß durchgestanden werden. Der Führer bleibt hart. Hoesch in London verliert den Kopf und macht in Panik. Die drei Militärattachés sind von ihm infiziert. Aber der Führer [...] lehnt auch jede Geste ab."

Göring sekundiere ihm wacker, ebenso Neurath und Ribbentrop, „aber die Militärs und Diplomaten versagen. Vor allem das A.A. und London." Wenige Tage danach zog der Reichspropagandaminister das Fazit: „Man muß nur ein starkes Herz haben. Unsere Botschaft in London hat das leider nicht gehabt. Führer wird dort aufräumen". Hier zeigt sich, daß die Rheinlandkrise zwei üble Folgen für Hitlers Selbstverständnis hatte: Erstens wurde der „Führer" in seiner Überzeugung bestärkt, daß Wille, Energie und Nervenkraft jene Eigenschaften seien, die den Erfolg eines Staatsmanns mehr verbürgen als Vernunft oder materielle Stärke. Zweitens nahm er die Straflosigkeit seiner Aktion als weiteren Beweis für das in ihm ebenfalls bereits vorhandene Gefühl, den Fachleuten überlegen zu sein, von seinem Instinkt und von der „Vorsehung" besser geführt zu werden als von rationaler Analyse.

Solche Effekte waren um so unheilvoller, als die kombinierte Wirkung der beiden Abenteuer von „Duce" und „Führer" die internationale Stellung des Deutschen Reiches in der Tat entscheidend verbesserte. Ganz so wie Churchill und andere es vorhergesehen

---

[42] Goebbels, Tagebücher, Teil I, Bd. 3/II, S. 36; die folgenden Zitate finden sich ebenda, S. 41 und S. 43.

hatten, zerstörte Mussolinis Unternehmen, da der Aggressor nicht in die Schranken gewiesen wurde, überall in Europa den Glauben an die Funktionsfähigkeit des Systems der kollektiven Sicherheit; der Völkerbund, durch Japans Aktionen in China ohnehin schwer angeschlagen, war nun endgültig zu politischer Bedeutungslosigkeit herabgesunken. Das Prinzip, Macht gehe vor Recht, übernahm wieder die Herrschaft, also regierte das Faustrecht.

Der Wandel des Klimas in den internationalen Beziehungen verlieh aber der von Mussolini zugleich herbeigeführten Veränderung der Konstellation der europäischen Mächte doppelte Bedeutung. Da der „Duce" einerseits die versuchte Bevormundung durch England und Frankreich bitter übelnahm, andererseits zu dem Schluß kam, daß die Realisierung weiterer imperialistischer Ambitionen Italiens, etwa an der Küste der Adria, wohl doch auf aktiven Widerstand der Westmächte treffen werde, er aber nach dem Triumph über Abessinien erst recht nach der Erfüllung dieser Ambitionen hungerte, hatte er tatsächlich nur eine Option: Die Wiederherstellung der „Achse" Berlin-Rom. Das tat er dann auch. Er scherte aus der „Front von Stresa" aus, machte die zeitweilige Besserung der italienischen Beziehungen zu Frankreich zunichte und rückte statt dessen näher und näher an Deutschland heran. Daß er dabei das Verhältnis zu England nicht ebenfalls gänzlich ruinierte, lag nur daran, daß in London sowohl unter Premierminister Baldwin wie unter dessen Nachfolger Neville Chamberlain – seit Mai 1937 – die Gruppe jener Politiker dominierend blieb, die an Vansittarts Hoffnung festhielt, Italien doch von Deutschland fernhalten oder sogar wieder gegen das Reich ins Spiel bringen zu können. Mit politischer Ratio oder mit realen Staatsinteressen hatte der italienische Kurswechsel so wenig zu tun wie das abessinische Abenteuer, vielmehr alles mit faschistischem Expansionismus, mit Mussolinis persönlicher Macht- und Prestigegier. Hitler wiederum ging auf die Avancen des „Duce" ein, weil er begriff, daß er allein durch konsequente Nutzung der Kalamitäten, in die Mussolini sich manövriert hatte, seine eigenen Nahziele zu erreichen vermochte: die fatale Isolierung zu durchbrechen, in die das Deutsche Reich von 1933 bis 1935 geraten war, und damit endlich eine gewisse außenpolitische Handlungsfreiheit zu erringen. Hitler entschloß sich um so leichter zur deutsch-italienischen Wiederannäherung, als ihm die gleichbleibende Sanftheit der britischen Italienpolitik das Gefühl gab, er werde durch die Unterstützung Mussolinis sein Werben um England nicht gefährden.

Einmal in Gang gesetzt, gewann dieser Prozeß sofort ein rasantes Tempo. Nach dem noch informellen Zusammenspiel bei der

Liquidierung von Locarno rückten die beiden Mächte eng zusammen, als sich Hitler und Mussolini entschlossen, im Spanischen Bürgerkrieg unverzüglich auf seiten der von General Franco geführten Rebellen zu intervenieren. Während den „Duce" vor allem die Absicht leitete, in Spanien dem politischen Einfluß Italiens zur Dominanz zu verhelfen und so im Kriegsfalle Frankreich von seinen Kolonien in Nordafrika abschneiden zu können, bewegten Hitler andere Überlegungen: Siegten in Spanien die Sozialisten und die von Moskau gesteuerten Kommunisten, wäre das nächste Opfer der „Roten" unweigerlich Frankreich, das ohnehin dem Bolschewismus zutreibe; schließlich sei mit Leon Blum gerade ein Jude Chef der Volksfront-Regierung geworden, und bei Blum habe man es mit einem „bewußte[n] Agent[en] der Sowjets" zu tun, mit einem „Zionist[en] und Weltzerstörer"[43]. An sich war Hitler diese Entwicklung in Frankreich ja willkommen, weil sie einen Anlaß bieten konnte, über den westlichen Nachbarn herzufallen und dabei die Zustimmung oder gar die Mitwirkung Großbritanniens zu finden. Im Augenblick aber sei Deutschland noch nicht genügend gerüstet, weshalb es „nur wünschen" könne, „daß Krise vertagt wird, bis wir fertig sind". Daher müßten Deutschland und Italien Franco zum Erfolg verhelfen. Der gemeinsame Triumph in Spanien werde ferner nicht nur „für das übrige Europa", sondern auch „für Deutschland und die noch hier verbliebenen Reste des Kommunismus" von „großen Auswirkungen" sein. Später fiel ihm noch ein weiterer Grund ein: „Wenn Spanien rot wird", so sagte er, „dann ist Portugal und ein großer Teil von Südamerika kaum noch zu retten. Damit verlieren wir unsere Rohstoffbasis. Das darf um keinen Preis geschehen." Wie ernst ein solches Argument, das auch in bezeichnender Weise die Stellung der USA in Südamerika gänzlich außer acht ließ, gemeint war, ist nicht zu erkennen. Die von Hitler zuerst genannten Motive dürften wohl schwerer gewogen haben.

Jedenfalls war das deutsch-italienische Verhältnis bereits vor dem gemeinsamen Eingreifen in Spanien so eng geworden, daß Mussolini nach der Preisgabe von Locarno nun auch der Verwandlung Österreichs in ein deutsches Protektorat zustimmte, sofern Hitler wenigstens formal die staatliche Selbständigkeit Österreichs respektierte und so dem „Duce" das Gesicht wahren half. Daß der deutsch-österreichische Vertrag vom 11. Juli 1936, der die Wiener Regierung verpflichtete, ihre Außenpolitik der reichsdeutschen unterzuordnen, nur eine Vorstufe zum Anschluß Österreichs war,

---

[43] Dieses und die folgenden Zitate finden sich ebenda, S. 219, S. 272f. und S. 302.

wurde in Wien wie in Rom und naturgemäß erst recht in Berlin gesehen. „Wir haben nicht alles, aber vieles erreicht. Das andere wird sich dann finden", kommentierte Goebbels den Vertrag[44], und er zog einen nicht unberechtigten Vergleich: „Ich glaube, das [der deutsch-österreichische Vertrag] war für Österreich so etwas wie der 30. Januar 1933 für uns."

Die „Achse" Berlin – Rom war dazu angetan, Europa zu erschrekken, und dieser Schrecken war nur zu berechtigt. Mussolini muß gewußt haben, daß er mit der engen Bindung an das Deutsche Reich drauf und dran war, die außenpolitischen Optionen Italiens auf Deutschland zu beschränken und damit die Eigenständigkeit italienischer Außenpolitik zu opfern. Das war für Italien um so bedenklicher, als Deutschland die weit stärkere Macht darstellte. Eine gleichberechtigte Partnerschaft zwischen Berlin und Rom konnte gar nicht möglich sein, der Weg, den Mussolini um seiner imperialistischen Träume willen eingeschlagen hatte, mußte zur Abhängigkeit von Hitler und Deutschland führen. Doch waren die Träume eben stärker und ihre schlimmen Konsequenzen um die Jahreswende 1936/37 erst in der Zukunft liegende Gefährdungen.

Für das mit der „Achse" konfrontierte Europa erschien der italienisch-deutsche Bund aber schon jetzt als ernste Bedrohung der von 1919 bis 1921 geschaffenen staatlichen Ordnung des Kontinents. So trat in nahezu allen europäischen Staaten ein lähmendes Gefühl der Furcht die Herrschaft an. Offensichtlich steuerte Europa auf ein neues 1914 zu. Als im November 1936 ein amerikanischer Beobachter bei führenden französischen Politikern herauszufinden suchte, welche Mittel zur Erhaltung des Friedens ihnen vorschwebten, wurde er bitter enttäuscht: „Ich bin noch nie solch vollständiger Hoffnungslosigkeit begegnet. Es gibt kein Gefühl der Krise, da niemand glaubt, der Krieg stehe unmittelbar bevor; doch glaubt jedermann, daß Europa dem Krieg entgegentreibt."[45]

Auf der anderen Seite gab es einige Staaten wie Ungarn und Polen, die Anspruch auf größere und kleinere Korrekturen des Status quo zu haben meinten: In Budapest und in Warschau herrschte eitel Freude darüber, daß die beiden stärksten Feinde des Status quo endlich zusammengefunden hatten und daß sich mithin erstmals seit Anfang der zwanziger Jahre die Aussicht zeigte, als Hilfstruppen der zwei Achsenmächte die eigenen Wünsche erfüllen zu können. So wurden in Warschau und Budapest bereits 1936 und

---

[44] Ebenda, S. 128; das folgende Zitat findet sich im selben Band, S. 130.
[45] For the President, S. 179; die folgenden Zitate und Belege finden sich ebenda, S. 145, S. 186, S. 213, S. 252, S. 159 und S. 239.

1937 Dramen diskutiert, die wenig später tatsächlich inszeniert werden sollten. Im Februar 1936 berichtete William Bullitt Präsident Roosevelt über ein Gespräch mit dem polnischen Außenminister Beck, in dem er den sicheren Eindruck gewonnen habe,

„daß Polen keinen Widerstand leisten werde, weder physisch noch diplomatisch, falls ein deutscher Angriff auf die Tschechoslowakei erfolge. Beck betonte die Enge der Beziehungen zwischen Polen und Ungarn, und es drängte sich mir der Schluß auf, daß es ihm willkommen wäre [...], Deutschland in Kontrolle über Österreich und Böhmen zu sehen, Ungarn die Slowakei einstecken zu sehen, während Polen ‚Grenzberichtigungen' im Teschener Bezirk bekommt."

Die Atmosphäre in Europa wurde dumpf, eine Entladung schien unausweichlich. Nachdem die Sicherung von Locarno gefallen und die „Achse" Berlin-Rom repariert war, zweifelte in den Kanzleien der europäischen Regierungen niemand daran, daß auf „Hitlers Menukarte die Tschechoslowakei als nächster Gang" figurierte – von Österreich nicht zu reden. Mit Recht wurde von Deutschland der kommende Streich gegen die Pariser Friedensordnung erwartet. In der Verbindung mit Italien der stärkere Partner, fiel dem Deutschen Reich automatisch die Führungsrolle und damit die Initiative zu. Die drückende Schwüle, die sich über den europäischen Kontinent breitete, ging aber auch darauf zurück, daß einerseits die Kriegsangst ständig zunahm, daß andererseits aber das Gefühl herrschte, der in Frankreich und England dominierende Pazifismus mache jedenfalls den Schutz der ersten Opfer Hitlers unmöglich – was dem „Führer" naturgemäß einen kontinuierlichen Machtzuwachs bescheren werde. Zum Beispiel zeigten sich, im Mai 1937, Yves Delbos und Leon Blum „mehr oder weniger in Verzweiflung, was die Möglichkeit betrifft, Österreich und die Tschechoslowakei nicht in die Hände Deutschlands fallen zu lassen. Hitler sei am Ball und könne in jede von ihm beliebte Richtung laufen." Diese Stimmung illustriert ein Brief Bullitts vom 20. Januar 1938, in dem er Präsident Roosevelt schrieb:

„Österreich wird in die Hände Deutschlands fallen, und Frankreich wird nichts tun, als schwächlich zu protestieren. Dies, dazu die Beibehaltung des derzeitigen Kurses in Rumänien, wird Deutschland eine kontrollierende Stellung in Mittel- und Osteuropa verschaffen. Wenn die Deutschen soviel Vernunft haben sollten, in ihrer Auseinandersetzung mit den Tschechen keine Gewalt anzuwenden, dürften sie in der Lage sein, das, was sie wollen, ohne Krieg zu bekommen. [...] Wir werden daher den Frieden wohl erhalten sehen, und zwar durch den simplen Prozeß

des englischen und französischen Abfindens mit der deutschen Herrschaft über Mitteleuropa."
Der wachsenden Bedrückung in den meisten Staaten Europas entsprach wachsendes Selbstbewußtsein der NS-Führung. Schon im Mai 1936 sagte Baron Neurath in einer Unterhaltung mit Bullitt: „Deutschland wird nichts Aktives unternehmen, [...] bis die Befestigungen an der französischen und belgischen Grenze gebaut sein werden. Deutschland werde die Nazis in Österreich zügeln und die Tschechen nicht gegen sich aufbringen. Sobald aber die Befestigungen gebaut sind, ‚werden jene Länder ganz anders über ihre Außenpolitik denken und dann wird sich eine neue Konstellation entwickeln'."
Einige Zeit später machte auch Göring kein Hehl mehr daraus, daß Österreicher und Sudetendeutsche dem Reich angeschlossen werden müßten.

Mit seinem Abessinien-Abenteuer hatte Mussolini es also fertiggebracht, daß Europa „in 2 Lager aufgeteilt" war[46]: Deutschland hatte nicht nur seine außenpolitische Isolierung durchbrechen und politische wie militärische Handlungsfreiheit gewinnen können, sondern auch die Führung der Feinde des Status quo – identisch mit den Feinden von Liberalismus und Demokratie – zu übernehmen vermocht. Diese Konstellation war gewiß in den Mängeln der Pariser Friedensregelung angelegt, doch erst die Aktion des „Duce" hatte ihr aus einem durch die Umstände ruhig gehaltenen Zustand zu Entfesselung und Aktivierung verholfen.

Diese Konsequenz der italienischen Aggression schuf in der Tat, wie man allenthalben in Europa zu glauben begann, die Gefahr eines militärischen Konflikts zwischen den Verteidigern des Status quo und seinen Feinden. Die Addition einer weiteren – und der verhängnisvollsten – Folge der römischen Expansionspolitik machte einen baldigen Krieg tatsächlich unabwendbar. Da London auf Mussolinis Einfall in Abessinien so schwächlich reagierte, verlor man in Berlin den Respekt vor England. Hitler hatte es als bare Selbstverständlichkeit angesehen, daß sich die Briten nach seiner Vorstellung von germanischen Machtpolitikern und Imperialisten verhalten, also zum Beispiel mit der britischen Flotte die Verbindung zwischen den Truppen des „Duce" in Nordafrika und der italienischen Heimat unterbrechen würden. Im Laufe des Jahres 1936 konstatierte Hitler aber immer öfter die Schwächlichkeit der britischen Regierung und die Schwäche des Empire. Das anfängliche und fast

---

[46] Goebbels, Tagebücher, Teil I, Bd. 3/II, S. 272; zum folgenden vgl. ebenda, S. 76, S. 79, S. 249, S. 278, S. 282 und S. 286.

ungläubige Erstaunen, mit dem er die pazifistische Politik Londons wahrgenommen hatte, wich alsbald der zweifelnden Frage, ob denn die Bundesgenossenschaft eines offenbar nur auf Frieden erpichten Staats wirklich ein Gewinn sei, und aus solchem Zweifel entwickelte sich rasch die Überzeugung, daß die Verständigung mit England, bislang als unabdingbare Voraussetzung einer expansionistischen Politik angesehen, eigentlich entbehrlich sei. Gewiß gab es ab und an Rückfälle in die viele Jahre lang selbstverständliche Achtung vor dem Empire, und in solchen Augenblicken erschien das Bündnis oder doch eine Absprache mit England so erstrebenswert wie eh und je[47]. Gelegentlich rätselten Hitler und seine Vertrauten auch, ob nur die Regierung nichts tauge oder ob doch das ganze Volk in eine von übergroßem Reichtum herrührende Schlaffheit verfallen sei[48].

Aber derartige Momente wurden seltener, zumal nach Beginn des Spanischen Bürgerkriegs. Daß die französische und die britische Regierung auf die offene Intervention Italiens, Deutschlands und – gegen Franco – der Sowjetunion nur mit der Proklamierung des Prinzips der „Nichteinmischung" und mit der Einsetzung eines internationalen Ausschusses zu antworten wußten, wurde in Rom, Berlin und Moskau als Bestätigung westlicher Dekadenz interpretiert[49]. Die Politik der „Nichteinmischung" war in der Tat eine Farce. Im Ausschuß saßen ja nicht nur Großbritannien und Frankreich, sondern auch die angeblich ebenfalls „Nichteinmischung" praktizierenden deutschen und italienischen Interventionisten; während also zum Beispiel deutsche Kriegsschiffe in den Gewässern um Spanien patrouillierten, um fremdes Eingreifen in den Bürgerkrieg zu verhindern, wuchs die vor allem von der Luftwaffe gestellte und „Legion Condor" genannte deutsche Streitmacht in Spanien vor den Augen Europas auf Tausende; Italien entsandte noch wesentlich stärkere Verbände. Wohl hatten Frankreich und Großbritannien gute Gründe für ihr Verhalten: Abgesehen von der Gefahr kriegerischer Verwicklungen hätte eine aktive Parteinahme, auf wessen Seite auch immer, in der tief zerstrittenen französischen Gesellschaft bürgerkriegsähnliche Zustände provoziert und auch in England die innenpolitischen Gegensätze erheblich verschärft. Doch lief die Politik der Westmächte darauf hinaus, daß sie bei eigener Abstinenz die nationalsozialistisch-faschistische wie die sowjetische

---

[47] Vgl. ebenda, z.B. S. 79f. und S. 349, sowie Goebbels, Tagebücher, Teil I, Bd. 4, S. 90.
[48] Vgl. Goebbels, Tagebücher, Teil I, Bd. 3/II, S. 282.
[49] Vgl. z.B. ebenda, S. 280; das folgende Zitat findet sich ebenda, S. 63.

Intervention geflissentlich übersahen, leugneten oder gar beschönigten. Daß dies in Rom, Berlin und bis zu einem gewissen Grad auch in Moskau als Symptom geistiger, mentaler und materieller Schwäche Spott erntete und dort jene Unterschätzung der Westmächte weiter ins Kraut schießen ließ, die ohnehin schon bedenkliche Formen angenommen hatte, war nur logisch. In Berlin jedenfalls festigte sich ein Urteil, das Goebbels bereits am 18.April 1936 gefällt hatte: „England ist schwach. Keine Weltmacht mehr! Schlappe Führung. Man weiß also in Zukunft, was davon zu haben ist."

Die britische Regierung verfolgte weiterhin eine Außenpolitik, die das neue Vorurteil der NS-Führung nur nähren konnte. Zwar formierten sich in der Bevölkerung, in den Parteien und in der Regierung Gruppierungen, die auf einen härteren Kurs gegenüber Mussolini und Hitler drängten. Im Foreign Office etwa bildete sich eine Fraktion, die nicht schon eine Preisgabe der bislang praktizierten Appeasement-Politik verlangte, doch wenigstens jedes politische und vor allem jedes territoriale Geschenk an Deutschland und Italien von einer Gegenleistung abhängig machen wollte. Vom Deutschen Reich müßte in erster Linie der Verzicht auf einseitige und friedensgefährdende Aktionen, symbolisiert durch die Rückkehr in den Völkerbund, und ein Rüstungsstop gefordert werden. Aber selbst solche Fachleute verkannten die Antriebskräfte deutscher und italienischer Politik in einer Weise, die im Rückblick nicht zu begreifen ist und damals lähmend wirkte. „Niemand von uns glaubt", hieß es in einem Memorandum Oliver Harveys, der zu den Kritikern eines einseitigen Appeasement gehörte, „daß Deutschland schon ganz sicher ist, was es will – ob Kolonien, ob Tschechoslowakei, ob Krieg, ob Frieden oder was." Aus der Tatsache, daß man auf der anderen Seite wisse, was man wolle, „nämlich Frieden und keine Aggression", zog Harvey den Schluß, daß eine derartige britische Klarheit und Entschlossenheit einen psychologischen Effekt auf ein unentschlossenes Deutschland haben werde, das „sich seiner offensichtlichen wirtschaftlichen und strategischen Schwäche bewußt ist". Auf lange Sicht könne der Effekt „ein Volk mit einer sklavischen politischen Mentalität wie das deutsche sogar erheblich beeinflussen". Das war fehlerhafte Logik gepaart mit einer seltsamen Vorstellung vom Wirken politischer Kräfte, beides auf der Basis einer grundlegenden Täuschung über das Wesen des Gegenspielers in Berlin. Immerhin trat Harvey dafür ein, die Verbindung mit Frankreich intakt zu halten und die „Beziehungen zu den Sowjets, auch wenn sie nicht unbedingt wärmer zu werden brauchen, nie abkühlen zu lassen. [...] Und schließlich müssen wir uns den guten Willen Roosevelts bewahren." Auch sagte Harvey, daß das Hofieren

Italiens aufzuhören habe, wie es Vansittart und andere für fruchtbringend hielten. Italien dürfe nicht anders behandelt werden als Deutschland oder separat von Deutschland: „Italien steht derzeit für das Gesetz des Dschungels, wir können nicht mit ihm zusammenarbeiten, solange es die Prinzipien hochhält, die Mussolini selber verkündet."[50]

Eden las das Memorandum mit Zustimmung, aber im Kabinett vermochte er sich noch immer nicht durchzusetzen; er geriet schließlich in eine hoffnungslose Position, nachdem Ende Mai 1937 Neville Chamberlain Premierminister geworden war. Chamberlain, bislang Schatzkanzler, galt als ein in britischer Innenpolitik und namentlich in Finanzfragen beschlagener Mann; von außenpolitischen Problemen und vom Verhalten in internationalen Zusammenhängen hatte er keine zulängliche Vorstellung. Gleichwohl glaubte er sich zu einer besonders schwierigen Mission berufen, nämlich der Rettung des europäischen Friedens, und zwar durch die Beschwichtigung und die Saturierung der Diktatoren in Berlin und Rom. Er war einer der energischsten und starrsinnigsten Politiker, die je eine britische Regierung geführt haben, und so verwandte er nun all seine Sturheit, seine Härte, seine Entschlossenheit, seine Stärke, darauf, eine sozusagen weiche Politik gegen jeden Widerspruch im eigenen Land, gegen Verbündete wie Frankreich und gegen potentielle Freunde wie die USA durchzusetzen.

Gelegentlich suchte er seine Politik auch mit dem Argument zu rechtfertigen, Großbritannien sei militärisch nicht genügend vorbereitet, um gegenüber Deutschland und Italien kräftiger aufzutreten. Doch war das nur vorgeschoben, nur zur Beruhigung weniger friedliebender Tories gedacht. Chamberlain lehnte jede Rüstungsanstrengung ab[51]. Im März 1937 hatte eine Gewerkschaftsdelegation, an der Spitze so einflußreiche Funktionäre wie Walter Citrine und Ernest Bevin, bei Anthony Eden vorgesprochen und „drastischeres Handeln gegen die Diktatoren" verlangt. Nachdem Eden geltend gemacht hatte, eine „Politik der Drohungen" sei nutzlos, wenn man nicht bereit sei, die Drohungen wahr zu machen, stimmten die Vertreter der Gewerkschaften zu und versicherten dem Außenminister, das Gros der Labour-Bewegung werde alles unter-

---

[50] The Diplomatic Diaries of Oliver Harvey 1937–1940, hrsg. von John Harvey, New York 1970, S. 404f. Zu Chamberlain vgl. Robert A. C. Parker, Chamberlain and Appeasement. British Policy and the Coming of the Second World War, London 1993; David Dutton, Neville Chamberlain, London 2001.
[51] Vgl. Gilbert, Churchill, Bd. V, insbesondere S. 428ff., S. 485ff., S. 623ff. und S. 647ff.

stützen, was zu einer kraftvollen Politik nötig sei[52]. Chamberlain wußte mithin, als er Premierminister wurde, daß der Übergang zum Widerstand gegen Hitler und Mussolini mittlerweile eine breite Basis in der Bevölkerung hätte finden können, erst recht wenn die Regierung willens gewesen wäre, einen solchen Kurswechsel zu erklären. Der Pazifist blieb aber unbeirrbar bei seinem Versuch, die Diktatoren durch Konzessionen zu saturieren und so einen Krieg zu vermeiden. De facto verfolgte er eine Politik, deren überzeugteste Anhänger in der Oberschicht zu finden waren, die einen Krieg aus finanz- und wirtschaftspolitischen Gründen und nicht zuletzt aus Furcht vor einem dann dräuenden gesellschaftspolitischen Linksruck ablehnten; sie waren durchaus damit einverstanden, wie einer ihrer Sprecher, Lord Lothian, sagte, zur Erhaltung des Friedens Hitler die Herrschaft über Mitteleuropa zu überlassen[53].

Als Präsident Roosevelt der britischen Regierung im Dezember 1937 in europapolitischen Fragen die Unterstützung der Vereinigten Staaten anbot, wies Chamberlain diese Offerte, die zu einer Stärkung Großbritanniens und eben deshalb zu einer Störung der Appeasement-Politik hätte führen können, in einer Weise zurück, die Roosevelt tief verstimmte[54]. Anfang Dezember 1937 begann im Kabinett, obwohl Italien in diesem Monat seinen Austritt aus dem Völkerbund erklärte, ernstlich die Debatte über die rechtliche Akzeptierung der italienischen Annexion Abessiniens. Tatsächlich gelang es Chamberlain, sowohl der Regierung wie dem Unterhaus ein am 16.April 1938 unterzeichnetes britisch-italienisches Abkommen aufzunötigen, das den von Mussolini geschaffenen Status quo in Ostafrika anerkannte. Erstmals hatte Großbritannien in einer Frage von grundsätzlicher und großer praktischer Bedeutung vor einer der beiden Achsenmächte kapituliert. Der Premierminister hatte sich bei dieser Politik kaum um Einreden gekümmert; gerade auch seinen Außenminister, den er persönlich schätzte, aber als kritischen Geist unbequem fand, hatte er stets übergangen. Eden konnte sich schon die Ausschaltung seiner Person und des Foreign Office nicht allzu lange bieten lassen, er hielt jedoch auch den Kurs Chamberlains für grundfalsch. Im Februar 1938, als sich die Anerkennung des Königs von Italien als Kaiser von Abessinien klar abzeichnete, trat Anthony Eden zurück[55]. In Berlin, wo Eden mit Recht als Geg-

---

[52] Vgl. Diplomatic Diaries of Oliver Harvey, S. 31.
[53] Vgl. For the President, S. 204.
[54] Vgl. Diplomatic Diaries of Oliver Harvey, S. 721f.
[55] Vgl. Eden, Memoirs, Bd. 1, S. 590ff.

ner des NS-Regimes und eines dadurch gefährlich gewordenen Deutschen Reiches galt[56] – lächerlicherweise sogar als der „Handlungsreisende des Bolschewismus"[57] –, wurde sein Ausscheiden aus der Regierung mit Befriedigung registriert. Mit seinem Nachfolger, Lord Halifax, glaubte man leichteres Spiel zu haben[58].

Zu den deutlichsten Anzeichen der jetzt aufkommenden nationalsozialistischen Geringschätzung Englands gehörte die plötzlich öffentliche Anmeldung des Anspruchs auf Kolonien. Göring und Goebbels taten sich dabei mit einigen Reden hervor, die „England in Harnisch" brachten, wie der Propagandaminister notierte, der gleichwohl die Kritik des Auswärtigen Amts an solch lauten Fanfarentönen als sozusagen nicht mehr zeitgemäß abtun zu können meinte[59]. Auf den ersten Blick schienen Vorstöße in der Kolonialfrage der außenpolitischen Grundkonzeption des „Führers" zu widersprechen. Indes betrachtete Hitler die Tolerierung von Reden, wie sie Göring und Goebbels hielten, nicht schon als Abkehr von seinem Programm der deutsch-britischen Herrschaftsteilung. Wenn General Ritter von Epp, seit Juni 1936 auch Führer des Reichskolonialbunds, Miene machte, die Forderung nach Kolonien als ein wichtiges und vordringliches Ziel deutscher Politik zu propagieren, mahnte ihn sein „Führer" nach wie vor zu größter Zurückhaltung. Vielmehr verstand Hitler eine gelegentliche Erhebung des Anspruchs auf Kolonien nun als Mittel des Drucks auf England: Die Rücknahme des Anspruchs oder die Verschiebung seiner Verwirklichung auf den Sankt-Nimmerleins-Tag, angeboten in Gesprächen und Verhandlungen, sollte den englischen Politikern einen Anreiz liefern, dem nationalsozialistischen Expansionismus auf dem Kontinent freies Spiel zu gewähren. Daß Hitler sich stark genug fühlte und Großbritannien als schwach genug einschätzte, um vom Werben um England zu einer Taktik der Druckausübung zu wechseln, zeigt die Wandlung seines Urteils über die Briten sehr deutlich.

Dazu paßte, daß Hitler nun auch zu einem weiteren Instrument der Pression griff. Er hatte seit Jahren einen Konflikt zwischen Japan und der Sowjetunion vorausgesehen und den Beginn eines solchen Konflikts einige Zeit als den passenden Augenblick für den

---

[56] Vgl. Goebbels, Tagebücher, Teil I, Bd. 4, S. 373. Der Propagandaminister nannte ihn dort einen „Krebsschaden der europäischen Politik".
[57] Goebbels, Tagebücher, Teil I, Bd. 5, S. 144.
[58] Vgl. Goebbels, Tagebücher, Teil I, Bd. 4, S. 416f.; dazu auch Andrew Roberts, „The Holy Fox". The Life of Lord Halifax, London 1997.
[59] Goebbels, Tagebücher, Teil I, Bd. 3/II, S. 239; zum folgenden vgl. ebenda, S. 267.

eigenen Angriff auf einen im Fernen Osten gebundenen Gegner erwartet[60]. Jedoch war ihm bewußt, in welch gefährlicher Weise die japanischen Ambitionen auch auf die Interessen der kolonialen Mächte USA, Großbritannien, Holland und Frankreich stießen. Daher war er allen Versuchen etwa Ribbentrops, ihn zu einer Annäherung an Japan zu drängen und zur Symbolisierung der Annäherung den japanischen Marionettenstaat Mandschukuo anzuerkennen, jahrelang ausgewichen. Das Wohlwollen Englands war ihm wichtiger. Damit war jetzt Schluß. Im Laufe des Jahres 1936 wurden die Kontakte mit Japan vielfältiger und allmählich freundschaftlich. Zwar folgte Hitler noch nicht dem Beispiel Mussolinis, der Mandschukuo am 28. November 1936 anerkannte; der „Führer" wartete damit sogar noch bis zum 20. Februar 1938. Wohl aber kam es am 25. November 1936 zu einem deutsch-japanischen Abkommen, das äußerlich – unter dem Schlagwort „Antikominternpakt" – gegen die Kommunistische Internationale und gegen die Sowjetunion gerichtet war, jedoch in Berliner Augen vor allem den Druck auf England erhöhen sollte. Stärkte man einem Gegner Großbritanniens im pazifischen Raum den Rücken, mußte das die britische Bereitschaft zum Engagement auf dem europäischen Kontinent verringern.

Daß es Ribbentrop war, der das Abkommen für die deutsche Seite unterzeichnete, war ein doppelt eigenartiger Umstand: nicht ein Regierungsmitglied, sondern der Botschafter in London – Ribbentrop war am 11. August 1936 dem verstorbenen Hoesch nachgefolgt – unterschrieb einen englandfeindlichen Vertrag zwischen Deutschland und Japan, und ausgerechnet dieser Vertreter des Deutschen Reiches war so etwas wie die Personifizierung der antibritischen Spitze des Antikominternpakts. Als ein Jahr später, am 6. November 1937, Italien sich dem Pakt anschloß, trat dessen europäischer Aspekt vollends zutage. Schließlich hatte Italien keine sonderlichen Interessen im Fernen Osten, und wenngleich die Faschistische Partei selbstverständlich stramm antikommunistisch war, so unterhielt Italien doch recht gute Beziehungen zur Sowjetunion. Hingegen hatte Italien mittlerweile eine antibritische Position bezogen – der Londoner Konzessionsbereitschaft ungeachtet, die auch hier an den Realitäten vorbeiging. Bei der Unterzeichnung des Vertrags sprachen der „Duce" und Graf Galeazzo Ciano, Mussolinis Außenminister, offen genug vom eigentlichen Zweck des

---

[60] Vgl. Goebbels, Tagebücher, Teil I, Bd. 3/I, S. 279, und Goebbels, Tagebücher, Teil I, Bd. 3/II, S. 102.

Pakts[61], der nun auch in Berlin als taktisch richtige und strategisch unbedenkliche Pression angesehen wurde.

Wie weit Hitler sich gekommen glaubte, bewies er auch mit seiner im August 1936 verfaßten Denkschrift zum „Vierjahresplan", der im Vorjahr auf dem Parteitag der NSDAP verkündet worden und am 18. Oktober in Kraft getreten war. Ursprünglich sollte der Plan zur Bekämpfung wirtschaftlicher Schwierigkeiten dienen, die nicht allein auf die forcierte Aufrüstung, sondern gleichermaßen auf schwere Fehler der vom Regime geschaffenen Organisationen zur Kontrolle der Wirtschaft zurückzuführen waren. Doch gab Hitler nun dem „Vierjahresplan" eine etwas veränderte und von normaler Wirtschaftspolitik abgehobene Zwecksetzung. Seine Denkschrift war ein Befehl an die deutsche Wirtschaft, in vier Jahren möglichst autark und damit „kriegsfähig" zu sein, parallel dazu sollte die deutsche Wehrmacht „einsatzfähig" gemacht werden. Nie zeigte sich Hitlers Gleichgültigkeit gegenüber dem, was gewöhnliche Sterbliche und mithin auch viele Angehörige des damaligen Führungspersonals in Partei, Staat und Wirtschaft unter Problemen einer Volkswirtschaft verstanden, so klar wie in diesem Memorandum. Sein Blick war allein auf den Krieg gerichtet, den er führen wollte, seine Politik zielte auf nichts als auf mentale, wirtschaftliche und militärische Mobilmachung, wenn er sich auch stets der Tatsache bewußt blieb, daß die damit verbundene Belastung den Deutschen nur bis zu einem gewissen Grade und nur für eine gewisse Frist zugemutet werden konnte, jedenfalls im Frieden; die Erinnerung an 1918 war sehr lebendig.

In diesem Zusammenhang ist die Denkschrift zum Vierjahresplan deshalb bemerkenswert, weil sie den Zeitpunkt des Losschlagens in vier oder fünf Jahren erwartete, ohne daß, wie bisher bei derartiger Zukunftsschau, von günstigen Konstellationen die Rede war, von der Bolschewisierung Frankreichs oder von einem russisch-japanischen Konflikt; England wurde mit keiner Silbe erwähnt. Angesichts der Weitschweifigkeit Hitlers ist das Argument, er habe sich in der Denkschrift eben mit der deutschen Wirtschaftsentwicklung beschäftigt, nicht zulänglich. Das Memorandum markiert vielmehr den Übergang von einer geistig-politischen Verfassung, in der er expansionistische Aktionen nur dann wagen zu können meinte, wenn er mit anderen Mächten, namentlich England, zusammenwirken konnte, zu einer Haltung, in der er bereit war, auf die Voraussetzung solch passender Umstände zu verzichten. Oder

---

[61] Vgl. Galeazzo Ciano, Tagebücher 1937/38, Hamburg 1949, S. 39.

anders formuliert: Er sah eine derartige Voraussetzung schon in der Kombination deutscher militärischer Stärke mit manifester psychischer und militärischer Schwäche möglicher Opfer und der sonstigen Staatenwelt.

In atemberaubendem Tempo steigerte sich diese anfänglich noch vage Bereitschaft 1937 zu Handlungswillen. Der zeigte sich daran, daß Österreich und die Tschechoslowakei mehr und mehr als schon demnächst zu gewinnende Angriffsobjekte angesprochen wurden. Seit NS-Stellen 1935 den Wahlkampf der Sudetendeutschen Partei (SdP) Konrad Henleins finanziert und damit dazu beigetragen hatten, die Organisation zur zweitstärksten Partei der Tschechoslowakei zu machen, war die ursprünglich eher autonomistisch orientierte SdP unter reichsdeutschen Einfluß geraten und auf Anschluß an das Deutsche Reich gestimmt worden. Die ebenfalls von Berlin unterstützte Unterwanderung der Partei durch sudetendeutsche Nationalsozialisten, die der im Herbst 1933 von der Prager Regierung verbotenen DNSAP angehört hatten, förderte ebenfalls die Anschluß-Neigung. Beides zusammen radikalisierte die SdP derart, daß bis zur Jahreswende 1937/38 der Autonomie-Gedanke abstarb und die Partei sich als willige Helferin darbot, sollte Hitler die Zerstörung der Tschechoslowakei ins Auge fassen.

Genau das geschah. Registrierte Hitler die zunehmende Schwäche Großbritanniens, so fühlte er sich zugleich getragen von der wachsenden militärischen Stärke des Deutschen Reiches. Beides zusammen verleitete ihn dazu, „eine umwälzende Neuorientierung in der Außenpolitik" vorzunehmen, wie er am 13.März 1937 erklärte[62]. Zwei Tage später verdeutlichte er, was er damit meinte, indem er, als die Rede auf Österreich und die Tschechoslowakei kam, lapidar sagte: „Beide müssen wir haben". Keine Silbe mehr von Rücksichtnahme auf etwaige englische Reaktionen. Wenn in seiner Umgebung jetzt von den Tschechen gesprochen wurde, fielen Ausdrücke wie „Dreckspack" und „politische Strauchdiebe"[63], ein sicheres Zeichen dafür, daß die Tschechoslowakei auf die Eroberungsagenda der NS-Führung gesetzt worden war. Göring machte auch in Unterhaltungen mit ausländischen Politikern kein Geheimnis mehr daraus, daß Österreicher und Sudetendeutsche

---

[62] Goebbels, Tagebücher, Teil I, Bd. 4, S. 49; das folgende Zitat findet sich ebenda, S. 52.
[63] Goebbels, Tagebücher, Teil I, Bd. 3/II, S. 340 und S. 387. Am 19.10.1937 bezeichnete er (Goebbels, Tagebücher, Teil I, Bd. 4, S. 365) die Tschechoslowakei vielsagend als „Saisonstaat".

demnächst ins Reich „heimkehren" müßten[64]. Mit anderen Worten: Den Befürchtungen in den meisten Staaten Europas entsprach exakt die Entwicklung einer hybriden Stimmung in Berlin, wobei klar zu erkennen ist, daß der Schwenk der NS-Geschütze auf Prag völlig unabhängig von der Entwicklung des sudetendeutsch-tschechischen Verhältnisses und von der Radikalisierung der SdP erfolgte. Hitler und seine Gefolgsleute handelten allein nach den Gesetzen ihres Expansionswillens.

Daß Hitler sich von seinem bisherigen England-Bild und von seiner Vorstellung einer Zusammenarbeit mit Albion löste, fand den deutlichsten Ausdruck aber darin, daß er seinem Expansionismus nun ein Ziel steckte, von dem in seinen Schriften und Reden noch nie die Rede gewesen und für das britische Billigung gar nicht und britische Tolerierung allenfalls nach Anwendung oder Androhung militärischer Gewalt zu erwarten war. Seit Februar 1937 sprach er oft davon, daß zu seiner historischen Mission jetzt auch die „Liquidierung" des Westfälischen Friedens von 1648 gehöre, und zwar sprach er davon so oft und so bestimmt, daß an der Ernsthaftigkeit seiner neuen Vision kein Zweifel möglich ist[65]. Mit dieser Formel umschrieb er offensichtlich eine Art Restaurierung des mittelalterlichen Römisch-Deutschen Reiches, was bedeutete, daß gleichberechtigt neben die weiterhin bestehenden Ostpläne die Absicht trat, vorerst zumindest Westeuropa zu unterwerfen: die Niederlande, Belgien, Luxemburg, Elsaß-Lothringen. Debatten, zu denen es im Herbst 1939 vor dem Feldzug im Westen kam, zeigen, daß unter dem Stichwort „Burgund" auch noch weitergehende Räubereien in Frankreich auf dem Programm standen[66]. Wie ernst Hitler all dies meinte, illustriert der Auftrag, den er Anfang 1940 Joseph Goebbels erteilte, nämlich nach Münster zu gehen, wo der Westfälische Friede unterzeichnet worden war, und eine große Konferenz vorzubereiten, auf der er, der „Führer", Europa den Frieden zu diktieren gedachte, der den von 1648 auslöschen sollte[67]. Daß nach den Kapitulationen der holländischen, der belgischen und der französischen Armee das Projekt wieder verschwand und Hitler für die Zeitgenossen wie für nachlebende Historiker den

---

[64] For the President, S. 239.
[65] Etwa Goebbels, Tagebücher, Teil I, Bd. 3/II, S. 389, oder Goebbels, Tagebücher, Teil I, Bd. 4, S. 121.
[66] So notierte Goebbels (Tagebücher, Teil I, Bd. 7, S. 180) am 3.11.1939: „Der Führer hat für sie [die Südtiroler] Burgund ausgedacht. Er teilt nämlich schon französische Provinzen auf."
[67] Vgl. ebenda, S. 198, S. 327 und S. 329.

Eindruck erweckte, ratlos vor der Frage zu stehen, was mit dem besetzten Frankreich nun eigentlich anzufangen sei, lag keineswegs an einer freiwilligen Aufgabe der imperialen Restauration, sondern allein an der entstandenen militärpolitischen Situation: Nach dem Juni 1940 war England noch unbesiegt und offensichtlich zum Weiterkämpfen entschlossen; trotz des triumphalen Sieges im Westen zwang das Hitler, im Hinblick auf den französischen Kolonialbesitz in Nordafrika und auf die französische Flotte, die beide vom Anschluß an Großbritannien abgehalten werden mußten, vorerst zu einer höchst unwillkommenen Rücksichtnahme auf Frankreich. Im übrigen barg die Entschlossenheit zur „Liquidierung des Westfälischen Friedens" auch eine Gefahr für den römischen Achsenpartner. Wohl war Hitlers Bewunderung Mussolinis durchaus echt; insofern sah man in Berlin das Bündnis mit Italien momentan fraglos noch ohne Verfallsdatum. Wie aber wenn der ganze europäische Kontinent deutscher Macht- und Einflußbereich geworden war? Würde dann nicht, auch auf Grund des permanenten Expansionismus, der dem Nationalsozialismus und seinem „Führer" eingeboren war, Hitlers Formel automatisch den Süden Europas zum Ziel werden lassen? Hatten deutsche Könige nicht einst große Teile Italiens und Sizilien beherrscht?

Jedenfalls lag auf der Hand, daß für die zunächst auf Westeuropa beschränkte „Liquidierung des Westfälischen Friedens" keine wohlwollende Mitwirkung Großbritanniens zu haben war. Es wäre der schiere Wahnsinn gewesen, von England zu erwarten, daß es sich als Bundesgenosse oder Komplice daran beteiligen werde, den Herrschaftsbereich Deutschlands bis zur Kanalküste auszudehnen, und wahnsinnig in diesem Sinne war Hitler nicht. Zwar sprachen der „Führer" und etliche seiner Gefolgsleute nach wie vor von der Wünschbarkeit und Erreichbarkeit der Allianz mit dem britischen Empire[68]. Auch Ribbentrop, der ja als Botschafter nach London geschickt worden war, um Hitler das englische Bündnis zu bringen[69], hielt noch einige Zeit an diesem Gedanken fest. Aber unter einem Bündnis oder einer Verständigung mit England begannen die NS-Führer jetzt etwas anderes zu verstehen als bisher, nämlich nur noch die durch englische Schwäche verursachte oder durch deutsche Stärke erzwungene Passivität Großbritanniens zumindest bei den ersten expansionistischen Aktionen des Deutschen Reiches

---

[68] So schrieb Goebbels (Tagebücher, Teil I, Bd. 4, S. 90) am 12.4.1937: „Im deutsch-englischen Zusammengehen läge der Schlüssel zur neuen Zeit".
[69] Vgl. Goebbels, Tagebücher, Teil I, Bd. 3/II, S. 340.

in Mitteleuropa. Danach, so glaubte Hitler, blieb den Briten nichts mehr übrig, als in kontinentaleuropäischer Politik Abstinenz zu üben und sich auf die Verteidigung des Empire – zum Beispiel gegen Japan – zu konzentrieren.

Solche Annahmen verbanden sich nicht nur mit der zunehmenden Verachtung Englands, sondern auch mit Hitlers Unfähigkeit, längere Perioden der Inaktivität zu ertragen. So verwandelten sich die erst noch mit einem Fragezeichen versehenen Annahmen in Gewißheiten, und mit den Gewißheiten sah Hitler einen bereits zum Greifen nahen Termin nun erst recht unabhängig von jenen internationalen Konstellationen, die er bislang als Voraussetzung deutschen Handelns genannt hatte, weil er bei ihnen mit englischer Kooperation rechnen zu können glaubte.

Am 5. November 1937 lud er die Spitzen der Wehrmacht und Neurath in die Reichskanzlei ein, vorgeblich um Prioritäten bei der Rohstoffzuteilung für Rüstungsvorhaben festzulegen und dem nach seiner Meinung saumseligen Heer „Dampf zu machen". In Wahrheit wollte er die Anwesenden in eindringlicher – von seinem Adjutanten Oberst Hoßbach überlieferten – Rede darauf einstimmen, daß er mit der „Behebung der deutschen Raumnot" möglicherweise nicht erst in den vierziger Jahren, sondern schon 1938 beginnen werde, und zwar mit dem Zugriff auf Österreich und die Tschechoslowakei. Zwar schränkte er auch bei dieser Besprechung ein, er werde die Initiative dann ergreifen, wenn sich eine „günstige Gelegenheit" biete, doch ließ seine Suada keinen Zweifel, daß sich die günstige Gelegenheit mit Sicherheit 1938 einstellen werde[70]. Der Tenor seiner Ansprache, die er pathetisch als sein „politisches Testament" bezeichnete, erlaubt den weiteren Schluß, daß er sich stark genug fühlte, seine Chance, nur gestützt auf die militärische Kraft des Deutschen Reiches, selbst herbeizuführen; die Westmächte, eben auch England, meinte er bereits ignorieren zu dürfen. Drei Wochen nach der sogenannten Hoßbach-Konferenz kam Lord Halifax, der im Februar 1938 Anthony Eden als Außenminister ablösen sollte, nach Berlin. Als er Hitler erklärte, Großbritannien sei bereit, den Anschluß Österreichs, der Sudetengebiete und Danzigs zu tolerieren, falls es Deutschland gelinge, diese Ziele mit friedlichen Mitteln zu erreichen, da nahm der „Führer" die britische Offerte, in

---

[70] Vgl. Marie-Luise Recker, Vom Revisionismus zur Großmachtstellung. Deutsche Außenpolitik 1933 bis 1939, in: Karl Dietrich Bracher/Manfred Funke/Hans-Adolf Jacobsen (Hrsg.), Deutschland 1933–1939. Neue Studien zur nationalsozialistischen Herrschaft, Düsseldorf 1993, S. 315–330, hier S. 324f.

der doch die Anerkennung der Hegemonie des Reiches in Mittel- und Südosteuropa enthalten war, bezeichnenderweise nicht freudig an. Vielmehr ließ er den britischen Gast abfahren, wie er zu Goebbels sagte: „Mitteleuropa geht England nichts an."[71]

---

[71] Goebbels, Tagebücher, Teil I, Bd. 4, S. 425.

IV. Krieg statt Allianz

Niemand vermag die Frage zu beantworten, ob Hitlers Eroberungswille nicht auch dann freigesetzt worden wäre, wenn Mussolini Abessinien nicht angegriffen und damit nicht einen völligen Wandel der europäischen Machtverhältnisse bewirkt hätte. Wer aber doch eine Spekulation wagt, wird sicherlich zu einem Ja neigen. Hitler, der Nationalsozialismus, das NS-Regime – in allen steckte als Wesenskern ein aggressiver Expansionismus, und auch die militärische Schlagkraft des Deutschen Reiches nahm in einer Weise zu, daß Hitler in absehbarer Zeit wohl ohnehin der Versuchung erlegen wäre, diese zur Erfüllung seiner imperialen Träume zu nutzen. Wie die Dinge tatsächlich abliefen, war es indes doch Mussolini, der leichtfertig den bösen Geist aus der Flasche befreite, in der sich dieser eingesperrt gefunden hatte, der eine Entwicklung verursachte, an deren vorläufigem Ende in Berlin jene Stimmung herrschte, die in der Hoßbach-Konferenz zum Ausdruck kam. Überdies zeichnete der „Duce" für das dramatische Tempo des Prozesses mitverantwortlich, dem es nicht zuletzt zuzuschreiben war, daß es der nun angriffswillige Hitler mit einem noch alles andere als widerstands- und kriegsbereiten Europa zu tun bekam.

So konnte Hitler die am 5.November 1937 angekündigten Schritte in der Tat bereits 1938 tun. Er durfte – ohne den Einspruch Mussolinis – seine Hand auf Österreich legen; im Herbst 1938 folgte die Annexion der Sudetengebiete[1]. Das Münchner Abkommen vom 29.September 1938 war zwar nur ein halber Triumph und für Hitler, der ja die ganze Tschechoslowakei haben wollte, eine Enttäuschung, zu danken der Konzessionsbereitschaft Englands und Frankreichs, die beide die Prager Regierung zwangen, in die Abtretung der Sudetengebiete einzuwilligen. Danach hätte nicht einmal der deutschen Bevölkerung die Notwendigkeit eines begrenzten Feldzugs gegen die Tschechoslowakei oder gar einer militärischen Auseinandersetzung mit den Westmächten plausibel gemacht werden können. Aber der „Führer" kam mit Recht rasch zu der Überzeugung, daß die Westmächte ihm nicht in den Arm fallen würden, sollte er auch noch nach der sogenannten Rest-Tschecho-

---

[1] Vgl. Telford Taylor, Munich. The Price of Peace, London 1979; Bernd-Jürgen Wendt, Großdeutschland. Außenpolitik und Kriegsvorbereitung des Hitler-Regimes, München 1987.

slowakei greifen; es war ihm ja auch, wie er bereits 1937 vorgehabt hatte[2], gelungen, Polen und Ungarn mit der Bewilligung territorialer Gewinne als Bundesgenossen gegen Prag einzuspannen und damit die Krise um die Tschechoslowakei bis zu einem gewissen Grade zu internationalisieren. Am 15. und 16. März 1939 okkupierten deutsche Truppen Böhmen und Mähren, die unter der zynischen Bezeichnung „Reichsprotektorat" annektiert wurden. Zugleich nötigte er die Slowaken, einen formal selbständigen Staat Slowakei zu proklamieren und die Rolle eines Satelliten des Deutschen Reiches zu akzeptieren. Im Laufe dieser atemberaubend schnell ablaufenden Vorgänge erfuhr Hitlers Strategie abermals bedeutsame Veränderungen.

So begann er das Phänomen Krieg anders zu behandeln als bisher. In seinen Reden und Schriften hatte er früher der NS-Bewegung und dem NS-Regime Ziele gesetzt, die offensichtlich nur durch Krieg zu erreichen waren. Doch hatte er immer betont, der „Bluteinsatz" müsse vor der Nation durch ein großes Ziel, eben den Erwerb von „Lebensraum", gerechtfertigt werden können. Jetzt kam jedoch zum Vorschein, was von Anfang an in seinem Geist gewesen war, nämlich daß es ihm schon um Ziele, zugleich aber um Krieg an sich ging. Nach einer Unterhaltung mit Hitler notierte Ulrich von Hassell, damals noch Botschafter in Rom, bereits im März 1937:

„Wie die letzten Male immer kreisten seine Gedanken immer um den militärischen Pol, um die Kriegsmöglichkeit, um die Kriegschancen, und es war manchmal geradezu schwer, ihn wieder auf die ‚reine' Politik zu lenken."[3]

Wenn er in den folgenden anderthalb Jahren von seiner Absicht sprach, gegen die Tschechoslowakei vorzugehen, gebrauchte er meist die Wendung „gewaltsame Lösung" des tschechischen Problems[4], und zwar nicht einfach deshalb, weil er glaubte, die Liquidierung der Tschechoslowakei sei nur mit militärischen Mitteln möglich. Er wollte einen Feldzug.

Gewiß spielte dabei die in seiner „Weltanschauung" steckende Vorstellung eine Rolle, die Nation bedürfe periodischer „Härtung".

---

[2] Laut Goebbels, Tagebücher, Teil I, Bd. 5, S. 222, sagte Hitler damals, „zuerst kommt nun Tschechei dran. Das teilen wir mit den Polen und Ungarn. Und zwar rigoros bei nächster Gelegenheit."
[3] Von Hassell, Römische Tagebücher und Briefe, S. 185.
[4] So sagte er zum Beispiel Anfang März 1938: „Und die Tschechei bricht eines Tages unter unserem Stoß zusammen." Und schon im August 1937: „Auch [wie Österreich] die Tschechei ist kein Staat. Sie wird eines Tages überrannt werden." Goebbels, Tagebücher, Teil I, Bd. 5, S. 193, und Goebbels, Tagebücher, Teil I, Bd. 4, S. 247.

Auch fand er für sich und vor Gehilfen pseudo-rationale Argumente. Zum Beispiel fertigte er den biederen Konrad Henlein, der gegen Ende der Sudetenkrise zu seinem „Führer" erleichtert und freudig bewegt sagte, angesichts der Haltung der Westmächte und ihres Drucks auf Prag sei nun wohl ein friedlicher Anschluß der Sudetengebiete an das Reich möglich, unwirsch ab: Vor den kommenden Aufgaben brauche er „eine Bewährungsprobe für die junge Wehrmacht". Sein Zuhörer folgerte entsetzt: Der will ja Krieg[5]. Größeres Gewicht kam indes zwei anderen Motiven zu. Für einen Mann, der Friedrich den Großen und aus den falschen Gründen Bismarck verehrte, war historische Größe untrennbar mit militärischen Triumphen, mit kriegerischem Ruhm verbunden – und nach historischer Größe trachtete er mit aller Leidenschaft. Daneben trieb ihn offenkundig noch mehr eine atavistische Begierde nach Krieg, nach der Unterwerfung anderer Völker, nach der Ausbreitung von Tod und Vernichtung.

Parallel zu dieser Freisetzung von Kriegswillen und Kriegslust erfuhr auch Hitlers Urteil über die Westmächte, insbesondere über England, eine zusätzliche Akzentuierung. Die Abneigung gegen einen neuen europäischen Krieg, wie sie während der Sudetenkrise nicht nur von der britischen Regierung, sondern ebenso vom größten Teil der britischen Bevölkerung an den Tag gelegt wurde, überzeugte ihn, zumal es in den Dominions nicht anders aussah, davon, daß die Geringschätzung der politischen und militärischen Kraft des Empire, zu der er 1936/37 gelangt war, ihre Berechtigung hatte. Daß sich England und Frankreich so leicht damit abfanden, daß Deutschland die Herrschaft über Mitteleuropa an sich riß und sich eine hegemoniale Stellung in Südosteuropa sicherte, war in Hitlers Augen der endgültige Beweis für ihre Schwäche. In dieser Hinsicht wurde Hitlers Denken sicherlich auch davon beeinflußt, daß er sich einredete, in der Sudetenkrise nicht vor Drohungen der Westmächte zurückgewichen zu sein. Mit einem gewissen Recht meinte er, bei den Treffen mit Neville Chamberlain und auf der Münchner Konferenz eine friedliche Regelung nur deshalb akzeptiert zu haben, weil er der deutschen Bevölkerung keinen Kriegsgrund mehr bieten konnte[6].

---

[5] Mitteilung von Friedrich Bürger (Vertreter Konrad Henleins in Berlin) an den Verfasser.
[6] Zu Hitlers Politik nach dem Münchner Abkommen vgl. Graml, Europas Weg in den Krieg, S. 107ff. Anfang Oktober 1938 „betont[e]" Hitler, daß London und Paris „nicht gehandelt hätten"; Goebbels, Tagebücher, Teil I, Bd. 6, S. 127. Die folgenden Zitate finden sich ebenda, S. 52 und S. 189.

Auf der anderen Seite begriff er, daß er die freie Hand im Osten, die er von England begehrte, nicht bekommen werde. Während der Sudetenkrise zeigte ihm vor allem das Verhalten der Londoner Regierung, daß jede weitere Expansion des Dritten Reiches auf britischen Widerstand stoßen mußte, so pazifistisch und so schwach sich Großbritannien im Augenblick auch darstellte. Schon im August 1938 sagte er, daß er gerne ein gutes Verhältnis mit England hätte; er tue auch alles dafür: „Aber England steht unserem expansiven Drang im Wege." Und zu Beginn des folgenden Jahres konstatierte Goebbels, der „Führer" sei auf die Engländer „geladen". Das verriet böse Absichten gegen die solchermaßen apostrophierte Nation.

Kriegslust und Geringschätzung der Westmächte einerseits und andererseits die sichere Erwartung, am Ende doch auf französische und britische Gegenwehr zu treffen – die Verbindung dieser Stimmungselemente veranlaßte Hitler abermals zu einer Neuorientierung seiner Politik, jetzt aber nicht nur, wie 1937/38, zu einer Beschleunigung ohnehin feststehender Züge, sondern zu einer glatten Umkehr seiner Planung. Eine Reihe von Äußerungen, die Hitler zwischen dem Münchner Abkommen und den ersten Monaten des Jahres 1939 machte, lassen keinen Zweifel daran, daß damals in ihm die Absicht entstand und sich zum Entschluß festigte, vor dem Aufbruch zur Gewinnung des „Lebensraums" im Osten potentiellen Widerstand im Westen militärisch auszuschalten[7]. Das galt Frankreich, aber auch Großbritannien. Da es nicht gelingen wollte, England mit politisch-diplomatischen Mitteln von Frankreich zu trennen, mußten eben die im Kriegsfall auf französischer Seite zu erwartenden englischen Hilfstruppen geschlagen und vom Festland gefegt werden, mußte so die politische Präsenz Großbritanniens auf dem Kontinent liquidiert werden. Gemessen an der ursprünglichen Bündniskonzeption des „Führers" war ein solcher Übergang von Verführung zu Vergewaltigung mit der Bankrotterklärung nationalsozialistischer Außenpolitik identisch. Das war wohl noch nicht der definitive Abschied von dem Gedanken, das Dritte Reich und Großbritannien müßten sich über eine globale Herrschaftsteilung

---

[7] Vgl. hierzu die Reden, die Hitler am 23.5. und am 22.8.1939 vor den Spitzen der Wehrmacht hielt; ADAP, Serie D, Bd. 6, Nr. 433, sowie ADAP, Serie D, Bd. 7, Nr. 192 und Nr. 193. Vgl. auch Helmuth Groscurth, Tagebücher eines Abwehroffiziers 1938–1940, hrsg. von Helmut Krausnick und Harold C. Deutsch, Stuttgart 1970, S. 159. Zum folgenden auch schon, wenngleich ohne historische Hinführung Hermann Graml, Hitler und England im August 1939, in: Peter R. Weilemann/Hanns Jürgen Küsters/Günter Buchstab (Hrsg.), Macht und Zeitkritik. Festschrift für Hans-Peter Schwarz zum 65. Geburtstag, Paderborn u.a. 1999, S. 49–60.

verständigen, doch in Hitlers Augen schien nichts anderes übrigzubleiben, als die Verständigung bis zur Zeit nach der Niederlage Frankreichs und einer drastischen militärischen Demütigung John Bulls zu vertagen.

Daß eine militärische Operation im Westen jetzt Priorität vor dem „eigentlichen" Orlog im Osten erhielt, hing aber auch damit zusammen, daß ihn in den Jahren 1937, 1938 und 1939 jene zweite historische Mission, die er zu haben meinte, die „Liquidierung des Westfälischen Friedens", fast stärker bewegte als die Lebensraum-Schimäre. Eine gewisse Rolle spielte dabei auch ein ideologisches Motiv. Die Nationalsozialisten waren einerseits geschworene Feinde des Bolschewismus, den sie in Deutschland von der politischen Bühne verjagt hatten und eines Tages auch in der Sowjetunion zu vernichten hofften, sie haßten andererseits aber mit gleicher Intensität Liberalismus, Parlamentarismus und Demokratie. Im übrigen stand ja, so sah das in ihren wirren Köpfen aus, das „Weltjudentum" nicht nur hinter dem Bolschewismus, sondern ebenso hinter den politischen Ideen und den politischen Systemen des Westens. Waren die Franzosen nicht die Erben der von Juden und Freimaurern gemachten Revolution von 1789 und obendrein bolschewismusgefährdet? Und waren die Engländer, wiewohl Germanen, nicht auch die Schöpfer einer liberalen und parlamentarischen Demokratie? Goebbels sah die Engländer nun plötzlich als die „weißen Juden der arischen Rasse"[8], und wenn er oder Hitler jetzt die Westmächte erwähnten, nannten sie diese immer häufiger nicht Frankreich und England, sondern „die Demokratien"[9]. Als Ribbentrop am 27. Oktober 1938 Mussolini und Ciano über die neueste außenpolitische Kursbestimmung des „Führers" unterrichtete, sagte er in bezeichnender Formulierung: „Jetzt können wir einen großen Krieg mit den Demokratien ins Auge fassen."[10]

---

[8] Goebbels, Tagebücher, Teil I, Bd. 6. S. 206. Schon im Dezember 1936 hatte Goebbels nach einem Gespräch mit Ribbentrop notiert (Tagebücher, Teil I, Bd. 3/II, S. 300): „London ganz verjudet in seinem öffentlichen Einfluß".
[9] Bereits im November 1936 hatte Goebbels, im Zusammenhang mit der Spanienpolitik der Westmächte, geschrieben (ebenda, S. 243): „Die Demokratien sind wirklich mit Blindheit geschlagen". Nach der Rede, die Chamberlain am 17.3.1939 als Reaktion auf die deutsche Besetzung Prags in Birmingham gehalten hatte, kommentierte Goebbels (Tagebücher, Teil I, Bd. 6, S. 291) arrogant: „Was wollen denn diese Demokratien noch außer protestieren. [...] Verachtung ist hier am Platze."
[10] ASMAE, Affari Politici 1931–1945, Germania, Aufzeichnung über Gespräche zwischen Ribbentrop, Ciano und Mussolini, 28.10.1938.

Bereits am 9. Oktober 1938 setzten mit einer Rede Hitlers in Saarbrücken Versuche ein, die deutsche Bevölkerung auf den neuen Feind einzustimmen; der „Führer" schlug derart antibritische Töne an, daß seine Ansprache als Desavouierung der englischen Appeasement-Politik wirkte, die gerade mit dem Münchner Abkommen deutsche Wünsche weitestgehend erfüllt hatte. In London provozierte Hitler Enttäuschung und Empörung. Der deutsche Botschafter in England, Herbert von Dirksen, zeigte volles Verständnis für die britische Reaktion; seine Stellungnahme lief auf eine bemerkenswert offene Kritik an der Hitlerschen Darbietung hinaus[11]. Gleichwohl folgten hohe Würdenträger des Regimes und die gleichgeschaltete deutsche Presse dem Beispiel des „Führers", der einige Wochen später in Weimar die Kampagne fortsetzte. Im Februar 1939 kam dann eine offizielle Weisung Hitlers zu einem Propagandafeldzug gegen Großbritannien, was Goebbels mit den Worten quittierte: „Die sollen uns kennenlernen. Ich freue mich schon auf diese Arbeit."[12]

Daß sich die Angriffe auf Kritiker der Appeasement-Politik wie Churchill, Eden oder Duff Cooper konzentrierten, änderte nichts am antibritischen Grundtenor der Tiraden. Und wenn die NS-Propaganda die genannten Politiker als „regierungsunfähig" hinstellte, was der ohne europäischen Horizont agierende Goebbels sogar als tatsächlichen Erfolg der NS-Attacken rühmte, so reizte das die britische Öffentlichkeit und die britischen Politiker in Wirklichkeit zusätzlich: als unverschämte deutsche Einmischung in die Bildung britischer Regierungen. Solche Effekte ließen jedoch die nationalsozialistischen Führer gleichgültig, da sich die Kampagne ja vor allem an die eigene Nation richtete, die, weil einem Krieg ersichtlich abgeneigt, eine aufputschende Droge nötig zu haben schien.

Der antiwestlichen und antibritischen Orientierung des Reiches dienten aber auch diplomatische Anstrengungen. Bei aller Mißachtung der Westmächte war Hitler nicht so töricht, auf Bundesgenossen zu verzichten, wenn er sie denn haben konnte. So bemühte sich Berlin bis zum Frühjahr 1939 darum, den deutsch-italienisch-japanischen Antikominternpakt in einen gegen Großbritannien gerichteten Militärpakt auszubauen. In Tokio konnte das freilich keinen Erfolg zeitigen, da sich Japan seit Juli 1937 in einen Ressourcen fressenden Eroberungskrieg gegen das eigentliche China eingelassen hatte und sich überdies in einen unerklärten Krieg mit

---

[11] Vgl. ADAP, Serie D, Bd. IV, Nr. 250.
[12] Goebbels, Tagebücher, Teil I, Bd. 6, S. 265; das folgende nach ebenda, S. 178.

der Sowjetunion verstrickt sah; noch durfte keine japanische Regierung an eine militärische Auseinandersetzung mit Großbritannien oder den USA denken. Mussolini aber schien dem deutschen Werben nachzugeben. Am 22.Mai 1939 wurde zwischen Deutschland und Italien eine Allianz geschlossen, die über die bisherige Interpretation der „Achse" Berlin-Rom hinausging und sowohl von den deutschen wie von den italienischen Führern dem danach von gesteigerter Kriegsfurcht heimgesuchten Europa als „Stahlpakt" präsentiert wurde. Ein Ziel hatte die diplomatische Kriegsvorbereitung Hitlers also erreicht. Jedenfalls gewann die NS-Führung diesen Eindruck; daß sich das mit dem „stählern" tatsächlich etwas anders verhielt, sollte sich zur bitteren Enttäuschung der Berliner Machthaber in wenigen Monaten zeigen. Im übrigen suchte Hitler auch die Wehrmacht auf einen Krieg gegen England einzustellen, das heißt den Bedürfnissen von Marine und Luftwaffe Priorität zu geben. Als Termin für den westlichen Orlog faßte Hitler offenkundig 1940 ins Auge.

Indes können selbst die Vorhaben eines brutalen Willens- und Machtmenschen wie Hitler im zähen Morast der Verhältnisse gebremst oder abgelenkt werden. Hatte er anfänglich nicht den geringsten Zweifel, daß es ihm gelingen werde, die für den Krieg im Westen erforderliche Rückenfreiheit im Osten und Südosten zu schaffen, so sah er sich bald eines Besseren belehrt. Zwar gelang es, Ungarn den Status eines Satelliten des Reiches aufzunötigen; am 24.Februar 1939 trat es dem Antikominternpakt bei. Ebenso wenig Gefahr drohte von den Staaten des Balkan, die seit 1933/34 wirtschaftlich derart von Deutschland abhängig geworden waren, daß sie auch die Kraft zu antideutschen politischen Optionen weitestgehend verloren hatten, von ihrer militärischen Schwäche ganz zu schweigen. Der Versuch aber schlug fehl, Polen ins deutsche Lager zu ziehen: durch die Erfüllung von Forderungen des deutschen Revisionismus wie der Rückkehr Danzigs und Westpreußens zum Reich, durch den Beitritt zum Antikominternpakt und durch das jetzt reale – zum ersten Mal ja schon 1935 gemachte – Angebot der Komplicenschaft bei der Aufteilung der westlichen Territorien Rußlands. Im Oktober 1938 hatte Ribbentrop seinen italienischen Gesprächspartnern Mussolini und Ciano zu verstehen gegeben, daß es kein Problem sei, die Ruhe im Osten und Südosten durch die politische Unterordnung der Region zu gewährleisten. Zur Verblüffung der Berliner Machthaber weigerten sich jedoch die polnischen Führer rundweg, die halbwegs selbständige Position und Rolle zwischen Sowjetunion und Deutschland aufzugeben und zum Befehlsempfänger Deutschlands zu werden; auch die Aussicht auf die Erbeutung der Ukraine, mit der die NS-Führung lockte, vermochte den polnischen Standpunkt nicht zu ändern[13].

Als Hitler in den letzten Märztagen des Jahres 1939 begreifen mußte, daß die Selbstunterwerfung Polens nicht zu haben war, faßte er sogleich den Entschluß, der seinem Wesen gemäß war: Wenn sich Polen widerspenstig zeigte und folglich bei einem Angriff Deutschlands auf die Westmächte eine Gefahr im Rücken des deutschen Westheeres darstellte, mußte es eben mit militärischen Mitteln ausgeschaltet werden. Das ursprüngliche Motiv der Kampagne gegen Polen war also nicht die Absicht, „Lebensraum" im Osten zu gewinnen, vielmehr verstand Hitler den Feldzug als unumgänglichen Aspekt einer gegen die Westmächte gerichteten Strategie – deren Erfolg er allerdings wiederum als notwendige Voraussetzung der Niederwerfung Rußlands und der „Lebensraum"-Politik ansah. Auf den ersten Blick ein etwas verqueres Denken, doch im Rahmen der Gesamtplanung des „Führers" durchaus logisch. Die internen Äußerungen, die er von der Jahreswende 1938/39 bis zum September 1939 machte, lassen daran keinen Zweifel[14]; auch ist klar, daß er zumindest einen Teil der Militärs auf seine Seite ziehen konnte[15]. Nachdem die Würfel einmal gefallen waren, stellte sich freilich sogleich der Gedanke ein, daß es töricht sei, den militärischen Sieg über Polen und die politische Liquidierung des polnischen Staates nicht auch für erste Schritte zur Realisierung der Lebensraum-Ideologie zu nutzen. Im übrigen kehrte auch die vor der Münchner Konferenz aufgetauchte Ansicht wieder, daß die Wehrmacht gegen einen schwächeren Gegner erprobt werden müsse. Wie einst Friedrich der Große, so brauche er, sagte Hitler, einen „Ersten Schlesischen Krieg"[16].

Wenn er sich mit der unabweisbaren Frage beschäftigte, ob denn die Westmächte ruhig zuschauen würden, während er Polen erledigte und damit einen weiteren Beweis für die Unersättlichkeit seines Ausdehnungsdrangs lieferte, blieben Hitlers Gedanken zwangsläufig auf jenen Geleisen, auf die sie zwischen 1935 und 1939 geraten waren. Was England betraf – Frankreich wähnte er nicht ganz zu Recht als völlig abhängig von britischer Politik –, konnte

---

[13] Vgl. Graml, Europas Weg in den Krieg, S. 154ff.
[14] Vgl. ADAP, Serie D, Bd. VI, Nr. 433, und ADAP, Serie D, Bd. VII, Nr. 192 und Nr. 193.
[15] Vgl. Christian Hartmann/Sergej Slutsch, Franz Halder und die Kriegsvorbereitungen im Frühjahr 1939. Eine Ansprache des Generalstabschefs des Heeres, in: VfZ 43 (1997), S. 467–495.
[16] Heeresadjutant bei Hitler 1938–1943. Aufzeichnungen des Majors Engel, hrsg. von Hildegard von Kotze, Stuttgart 1974, S. 60f.

Hitler keinen Anlaß sehen, die beiden Urteile zu revidieren, deren eines von der Sudetenkrise bestätigt und deren zweites von jener Krise verursacht war. Bestätigt fand er seinen Eindruck, daß Großbritannien und sein Empire ihre militärische und politische Kraft verloren hatten, und zwar nicht zuletzt deshalb, weil die britischen Außenpolitiker jene germanischen Eigenschaften, die die Begründer des Empire ausgezeichnet hatten, offenkundig nicht mehr besaßen: Brutalität und Machtwillen, Wagemut und starke Nerven. In den Unterredungen mit Neville Chamberlain hatte er die tief sitzende Abneigung gegen jeglichen Krieg kennengelernt, die den britischen Premier nach München geführt hatte, und eben diese Friedensliebe verstärkte seine Geringschätzung der Engländer noch; die verächtlichen und höhnischen Bemerkungen über Chamberlain und den französischen Regierungschef Daladier, die er sich zwischen München und Kriegsbeginn ein ums andere Mal erlaubte, belegen das zur Genüge[17]. Gewiß sprachen Hitler und etliche seiner Gefolgsleute nach wie vor davon, wie erfreulich ein befreundetes England wäre[18]. Aber solche Bemerkungen meinten nur noch britische Hinnahme der deutschen Vorherrschaft auf dem Kontinent, sie brachten keineswegs noch immer Interesse an britischer Bundesgenossenschaft zum Ausdruck.

Auf der anderen Seite hatte die Sudetenkrise bei Hitler die Gewißheit britischen Widerstands gegen eine weitere Expansion des Deutschen Reiches hinterlassen. Der „Führer" erwartete diesen Widerstand sehr wohl bereits für den Fall eines deutschen Angriffs auf Polen. Politische Gefährten und militärische Gehilfen schrieben ihm damals und die historische Forschung schrieb ihm rückblickend die Absicht zu, gegen Polen einen isolierten Krieg zu führen, das heißt die Westmächte durch diplomatische Manöver von einer militärischen Intervention zugunsten Polens abzuhalten[19]. Eine solche Ansicht wird jedoch weder der Intelligenz Hitlers ge-

---

[17] Kurz nach der Konferenz von München bezeichnete er Chamberlain als einen „alten Mann, den er glatt in die Tasche stecke", und Daladier als „kleinen Bäckermeister"; Groscurth, Tagebücher eines Abwehroffiziers, S. 134. Auch den Ausdruck „kleine Würmchen" benutzte er; ADAP, Serie D, Bd. VII, Nr. 192 und Nr. 193.
[18] Allerdings sagte Goebbels (Tagebücher, Teil I, Bd. 7, S. 77f.), nachdem Hitler erklärt hatte, er wolle England „nach Lösung der polnischen Frage weitgehende Zusammenarbeit" anbieten: „Aber das ist glaube ich umsonst. Das glaubt England uns nicht mehr."
[19] Vgl. z.B. Horst Rohde, Hitlers erster „Blitzkrieg" und seine Auswirkungen auf Nordosteuropa, in: Klaus A. Maier u.a., Das Deutsche Reich und der Zweite Weltkrieg, Bd. 2: Die Errichtung der Hegemonie auf dem europäischen Kontinent, Stuttgart 1979, S. 79–156, hier S. 86.

recht noch entspricht sie seinem Urteil über England, wie er es sich bis zur Jahreswende 1938/39 gebildet hatte; demgemäß diente auch das taktische Verhalten, das er in der Polenkrise zeigte, keineswegs dem Ziel der Isolierung Polens.

Vor der Weltöffentlichkeit – und nicht zuletzt vor der deutschen Nation – leitete Hitler die Polenkrise am 28. April 1939 ein, als er in einer Rede im Reichstag sowohl den deutsch-polnischen Nichtangriffspakt von 1934 wie das deutsch-britische Flottenabkommen von 1935 für erloschen erklärte; knapp vier Wochen zuvor hatte er bereits den Befehl unterzeichnet, die Wehrmacht habe den „Fall Weiß", wie das Deckwort für den Angriff auf Polen hieß, bis zum 1. September des Jahres vorzubereiten. In den Monaten der Krise äußerte er in Ansprachen an die deutschen Militärs, in Unterhaltungen mit anderen NS-Führern und in Gesprächen mit den italienischen Freunden des öfteren, daß Großbritannien – und damit auch Frankreich – den deutschen Einfall in Polen nicht zum Anlaß eines Krieges gegen das Deutsche Reich nehmen werde; seine Politik ziele auf die Trennung der Westmächte von Polen, und dieses Ziel werde er auch erreichen. Wieder und wieder versicherte er seinen Zuhörern, anders als die deutschen Politiker des Sommers 1914 sei er nicht so stupide, Deutschland in einen Zweifrontenkrieg zu stürzen.

Liest man aber die Ansprachen genau, mit denen Hitler der Generalität einige Informationen über die jeweils gegebene politische Lage zukommen ließ, so wird erkennbar, daß derartige Bemerkungen lediglich den Zweck verfolgten, die Soldaten zu beruhigen. Die übrigen Passagen der Reden hatten jedoch nur den Sinn, die Wehrmacht dann doch auf eine Auseinandersetzung mit den Westmächten einzustimmen, und zwar auf eine Auseinandersetzung, die kurz bevorstehe und parallel zum Feldzug gegen Polen beginnen werde. In gleicher Weise suchten Hitler und Ribbentrop die Nervosität ihres „Stahlpakt"-Partners Italien zu lindern. Wenn sie mit Mussolini, Außenminister Ciano und Botschafter Attolico sprachen, erklärten sie wohl aufs bestimmteste, England und Frankreich seien gewillt und gezwungen, bei einem deutsch-polnischen Konflikt passiv zu bleiben. Sie fügten indes stets hinzu, daß die Westmächte eben geschlagen würden, sollten sie doch an Polens Seite treten; oft verstiegen sie sich sogar zu der Behauptung, der gegenwärtige Zeitpunkt sei ohnehin der beste für einen triumphalen Sieg über England und Frankreich[20]. Die Italiener glaubten den Deut-

---

[20] So z.B. Joachim von Ribbentrop am 6.7.1939 gegenüber dem italienischen Botschafter in Berlin, Bernardo Attolico, der das dem Grafen Ciano berichtete; AIA, Ap Germania.

schen keineswegs, wenn diese Passivität der Westmächte prophezeiten. Mussolini und Ciano waren außerdem überzeugt davon, Hitler und Ribbentrop wüßten sehr gut, daß ihre Beruhigungspillen bloß Placebos seien. Wieso legten die Deutschen denn so großen Wert darauf, daß Italien gleichzeitig mit dem Deutschen Reich in den Krieg eintrete, wenn sie sicher waren, nur gegen Polen fechten zu müssen? Für den Marsch auf Warschau konnten italienische Truppen nicht rechtzeitig zur Stelle sein; auch wurden sie nicht gebraucht. Eine Beteiligung Italiens am Krieg ergab nur dann einen Sinn, wenn französische und britische Streitkräfte gebunden werden sollten, folglich mußten die Freunde in Berlin eine militärische Intervention der Westmächte erwarten. Da aber Italien, was Mussolini, Ciano und Attolico oft genug darlegten, 1939 noch nicht in der Lage war, Krieg zu führen, schon gar nicht, wenn es gegen England ging, stellte sich die faschistische Führung in Rom darauf ein, am Achsenpartner „Verrat" zu üben, wenn der so verrückt sein sollte, Polen anzugreifen.

Indes war Hitler partiell aufrichtig, wenn er zu Generälen und Italienern sagte, er werde einen Zweifrontenkrieg zu vermeiden wissen. Schon ehe er eine Verständigung mit dem stalinistischen Rußland, wie sie dann mit dem Nichtangriffspakt vom 23. August 1939 tatsächlich zustande kam, als politische Möglichkeit wahrnahm, betrachtete er den Krieg gegen Polen auch bei Intervention der Westmächte nicht als Zweifrontenkrieg. Seine Kalkulation war einfach und, wie nicht selten in begrenzten Fragen politisch-militärischer Taktik, durchaus richtig. Für die Kampagne in Polen veranschlagte er nur ein paar Wochen, und in diesen Wochen seien die Westmächte nicht in der Lage, Deutschland militärisch gefährlich zu werden: Frankreich, im Glauben an die Uneinnehmbarkeit der Maginot-Linie befangen und im Innern politisch zerrissen, sei zunächst zu offensiven Operationen unfähig. England hingegen, auf einen Landkrieg überhaupt nicht vorbereitet, brauche, ehe es auf dem Kontinent aktiv werden könne, noch Zeit. Nach dem Sieg in Polen könne aber dann die Masse der deutschen Armee im Westen aufmarschieren und jetzt ihrerseits zur Offensive übergehen. Im Grunde, so Hitlers Annahme, brachte die Erledigung Polens nicht einmal eine Verschiebung des ohnehin geplanten Angriffs im Westen.

So war denn die Taktik, die Hitler nach dem Beginn der öffentlichen Inszenierung einer Polenkrise verfolgte, mitnichten von der Absicht bestimmt, die Westmächte vom Eingreifen abzuhalten und Polen zu isolieren. Vielmehr diente sein Verhalten in erster Linie dem Ziel, unter allen Umständen eine – der Sachlage nach vornehmlich britische – Vermittlung zwischen Deutschland und Polen zu vermeiden. Gelang es England, Warschau zu Konzessionen zu nötigen, die so groß waren, daß der deutschen Bevölkerung ein Einsatz der Wehrmacht nicht mehr plausibel gemacht werden konnte, verschwand fürs erste die Chance, die Rückenbedrohung im Osten durch eine radikale Lösung zu beseitigen, und man mußte sich, wie ein Jahr zuvor, mit einem Teilerfolg begnügen. Bloß kein zweites „München" – das war der leitende Gedanke. Ob England und Frankreich intervenierten, war Hitler im Grunde gleichgültig geworden.

Es gehörte zu solcher Taktik, daß die deutsche Propaganda im Sommer 1939 ein antibritisches Höllenkonzert orchestrierte, das die gleichzeitige Beschimpfung Polens an Lautstärke, Gehässigkeit und Verlogenheit noch übertraf und nur mehr als Ouvertüre zu einer kriegerischen Auseinandersetzung gemeint sein konnte. Aufgabe sei es, sagte Hitler zu seinem Chefpropagandisten, „Haß gegen England schüren. Das deutsche Volk muß in ihm die Seele des Widerstandes gegen uns erkennen." Es gehe auf die „Beseitigung des Westfälischen Friedens" zu: „Die Polen nimmt er [Hitler] garnicht ernst."[21] Zu dieser Zielsetzung des weisungsgemäß erzeugten Propagandalärms und zu der darin zum Ausdruck kommenden Taktik Hitlers paßte denn auch exakt sein Verhalten auf dem Höhepunkt der Krise.

Generalstabschef Franz Halder notierte am 14.August 1939 in seinem Tagebuch: „Führer hat Sorge, daß England ihm den endgültigen Abschluß im letzten Augenblick durch Angebote erschwert."[22] Es ist nicht anzunehmen, daß diese Sorge noch sehr schwer auf ihm lastete. Im Grunde wußte Hitler gut genug, daß die britische Appeasement-Politik seit der Besetzung Prags tot war. Gewiß hätten die Westmächte eine Verständigung mit Deutschland nach wie vor einem europäischen Krieg vorgezogen. Bedingung war aber die Rückkehr Deutschlands zu den normalen politisch-diplomatischen Usancen der europäischen Staatengesellschaft und der Verzicht des Dritten Reiches auf weitere Expansion. Die Errichtung des „Protektorats Böhmen und Mähren" und die fast sofort folgende Einleitung der Polenkrise hatten freilich gezeigt, daß solche Bescheidung der NS-Führung nicht erwartet werden durfte.

---

[21] Goebbels, Tagebücher, Teil I, Bd. 7, S. 33.
[22] Franz Halder, Kriegstagebuch. Tägliche Aufzeichnungen des Chefs des Generalstabs des Heeres 1939–1942, Bd. 1: Vom Polenfeldzug bis zum Ende der Westoffensive, hrsg. von Hans-Adolf Jacobsen, Stuttgart 1962, S. 11.

Neville Chamberlain, wichtigster Protagonist der Appeasement-Politik, konstatierte deren Abbruch in einigen Reden nach der Besetzung Prags öffentlich, und anschließend war das britische Kabinett mit Beschlüssen zu eindrucksvollen Rüstungsanstrengungen gefolgt; am 26.April 1939 führte die Regierung – was für Großbritannien in Friedenszeiten eine wahrhaft dramatische Maßnahme darstellte – die allgemeine Wehrpflicht ein. Um vollends klarzumachen, daß auch für London und Paris ein zweites „München" nicht in Frage kam, gaben die britische und französische Regierung am 31.März eine Erklärung ab, in der sie die Souveränität Polens, Rumäniens und Griechenlands garantierten; damit hatten sich die Westmächte darauf festgelegt, die nächste Grenzüberschreitung deutscher Truppen mit Krieg zu beantworten. Im übrigen ließen die Berichte der in London stationierten deutschen Diplomaten keinen Zweifel daran, daß sich in England Regierung und Bevölkerung mit fatalistischer Entschlossenheit auf eine offenkundig unabwendbare militärische Auseinandersetzung mit dem nationalsozialistischen Deutschland einzustellen begannen[23].

In diesem Zusammenhang darf auch die Wirkung der „Reichskristallnacht" nicht unterschätzt werden. Daß die führenden Männer des NS-Regimes fähig waren, das Entgegenkommen der europäischen Großmächte in München postwendend mit der Anordnung eines reichsweiten antisemitischen Pogroms zu quittieren, für das es in Europa – Rußland ausgenommen – seit dem Mittelalter kein Gegenstück gab, enthüllte das aggressiv-kriminelle Wesen des Regimes noch deutlicher als die Zerschlagung der Tschechoslowakei und löste daher nicht nur Abscheu aus, sondern auch politische Reaktionen: So sagte sich einer der aktivsten Appeaser, Lord Lothian, von dieser Politik der ungedankten Konzessionen los. Im Foreign Office wurde eine Studiengruppe aufgelöst, die Möglichkeiten zur Rückgabe früherer deutscher Kolonien an das Reich finden sollte, und unter dem unmittelbaren Eindruck des befohlenen Verbrechens beschloß die Londoner Regierung den beschleunigten Ausbau der britischen Luftwaffe, insbesondere der Jäger; der Beschluß trug dazu bei, daß 1940/41 der deutschen Jagdwaffe die Erringung der Lufthoheit über England versagt werden konnte[24].

Hitler sah dennoch keinen Grund, auf seinem Weg innezuhalten. Mitte August 1939 erklärten die Botschafter Frankreichs und Englands in Berlin einmal mehr, daß ihre Länder Polen im Falle

---

[23] Vgl. ADAP, Serie D, Bd.VI, Nr.645.
[24] Vgl. Hermann Graml, Effekte der „Reichskristallnacht" auf die britische und amerikanische Deutschlandpolitik, in: ZfG 46 (1998), S.991–997.

eines deutschen Angriffs auch militärisch zu Hilfe kommen würden, und zwar diesmal mit einer Deutlichkeit und Eindringlichkeit, die jedes Mißverständnis und jeden Zweifel ausschlossen[25]. Hitler nahm die Demarchen mit Gleichgültigkeit auf; sie bewirkten nicht die mindeste diplomatisch-politische Aktivität der Reichsregierung. Lediglich ein Crescendo der antiwestlichen Propaganda war zu verzeichnen. Es muß in der Tat konstatiert werden, daß es zwischen Mitte August und dem 25.August 1939, als Hitler den ersten Befehl zum Angriff auf Polen erteilte, überhaupt keinen Verkehr zwischen der Reichskanzlei und den Regierungen der Westmächte gegeben hätte, von Versuchen, diese zu beeinflussen, ganz zu schweigen, wäre der „Führer" nicht von Chamberlain zu einer Reaktion gezwungen worden. Sir Nevile Henderson, der britische Botschafter in Berlin, das Foreign Office und der Premierminister hatten seit dem 18.August über Hendersons Anregung konferiert, in einem persönlichen Schreiben Chamberlains an Hitler ein letztes Mal glasklar zu machen, daß Großbritannien gewillt sei, Polen Beistand zu leisten[26]. Als deutlich wurde, daß die Bemühungen der Westmächte um eine Allianz mit der Sowjetunion scheitern würden, Stalin sich vielmehr auf die Seite Hitlers schlagen werde, entschloß sich Chamberlain tatsächlich zu einem solchen Schreiben. Den scheinbaren diplomatischen Erfolg des „Führers" in Moskau vor Augen, formulierte der Premier am 22.August einen Brief, in dem er Hitler ohne Schärfe, aber auch ohne Raum für Deutbarkeit mitteilte, Deutschlands Abkommen mit der Sowjetunion ändere nicht das mindeste am Willen Großbritanniens, Polen zu Hilfe zu kommen, sollte die Wehrmacht die polnische Grenze überschreiten: Henderson überreichte Hitler diesen Brief am 23.August um 1.15 Uhr nachmittags auf dem Obersalzberg. Angesichts der „Zudringlichkeit" Chamberlains blieb Hitler, im Blick auf die deutsche Bevölkerung, nichts anderes übrig, als der britischen Regierung ein Wort zu gönnen. Doch was für ein Wort! Die Replik des „Führers", die Henderson noch am 23.August entgegenzunehmen hatte, gehört zu den rüdesten offiziellen Äußerungen der Diplomatiegeschichte; zusammenfassend wäre sie am treffendsten mit dem Ausspruch wiedergegeben, den Goethe dem Ritter Götz von Berlichingen in den Mund gelegt hat. Jedenfalls besagte Hitlers Erwiderung im Kern, die britische Regierung solle tun, was sie nicht lassen könne.

---

[25] Vgl. Documents on German Foreign Policy 1918–1945, Series D, Bd.VII: The last Days of Peace, London 1956, Nr. 64 und Nr. 66.
[26] Vgl. DBFP 1919–1939, Third Series, Bd.VII, Nr.56, Nr. 73 und Nr. 93; zum folgenden vgl. ebenda, Nr. 207, Nr. 208, Nr. 283 und Nr. 284.

Nach dieser Abfuhr verstrichen volle zwei Tage, in denen Hitler keinen Finger rührte. Erst am 25.August bestellte er Henderson wieder zu einer Unterredung, die von 13.30 bis 14.00 Uhr dauerte. Auch jetzt, eine gute Stunde vor der Erteilung des Befehls, der die Wehrmacht am Morgen des 26. gegen Polen in Bewegung setzen sollte, machte der „Führer" keineswegs – wie eine zählebige Legende will – England ein großes Angebot, ob nun ein scheinbares oder ein im Augenblick zur Isolierung Polens taktisch ernstgemeintes. Vielmehr teilte er dem britischen Botschafter mit, nach – nach! – der jetzt unmittelbar bevorstehenden Erledigung des polnischen Problems werde er mit einem umfassenden Angebot an Großbritannien herantreten, und er forderte Henderson auf, sich sogleich nach London zu verfügen und dort die Regierung über diese Ankündigung eines Angebots zu unterrichten. Gleich darauf – wie Hendersons Bericht in London wirken würde, stand noch in den Sternen – gab er um 15.02 Uhr den Angriffsbefehl für den Morgen des 26.August. Um 17.30 Uhr empfing er dann noch den französischen Botschafter, und hatte er schon Henderson die unverschämte, vor allem jedoch politisch nichtssagende Versicherung mit auf den Weg gegeben, sein Angebot an London werde eine Garantie des britischen Empire enthalten, so speiste er Coulondre mit nicht weniger irrelevanten Bemerkungen ab[27].

In Hitlers Reaktion auf Chamberlains Schreiben ist kein Manöver zu erkennen, die Westmächte von Polen abzudrängen. Daß Hitler seinen Lieblingsgedanken erwähnte, nämlich die globale Herrschaftsteilung zwischen Großbritannien und Deutschland, konnte nicht als ernsthafter Zug in einer ernsthaften politischen Schachpartie verstanden werden. Hitler nahm ja auch an diesem 25.August die abermals mit allem Ernst vorgetragene Versicherung der beiden Botschafter, der Versuch einer militärischen Lösung des deutschpolnischen Konflikts bedeute den Kriegseintritt der Westmächte, ohne jede Bewegung auf. Genau wie Mitte des Monats. Offensichtlich verfolgte er mit seiner Geste andere Zwecke. So wollte er natürlich sich selbst und die nationalsozialistische Propaganda in die Lage versetzen, den Deutschen zu sagen, er habe Briten und Franzosen die Friedenshand entgegengestreckt. Ebenso wichtig war aber offensichtlich etwas anderes. Wären die Dinge so abgelaufen, wie es Hitler am Nachmittag des 25.August plante, hätte sich Henderson noch am selben Tag nach London begeben und dort, ebenso wie das britische Kabinett, am nächsten Morgen die Nachricht ge-

---

[27] Vgl. Documents on German Foreign Policy, Series D, Bd. VII, S. 284 (Editors Note).

nießen können, daß die Wehrmacht in Polen einmarschiert war. Anschließend hätten Sir Nevile und die britische Regierung trotz des vagen Charakters der Mitteilung des „Führers" nicht umhin gekonnt, sich ein Weilchen mit dieser Mitteilung zu beschäftigen. Damit wären sozusagen zwei Fliegen mit einer Klappe geschlagen worden: Für die Stunden zwischen Angriffsbefehl und Angriffsbeginn wäre die britische Botschaft in Berlin ohne Chef und zweitens wären für die Periode der zu erwartenden ersten militärischen Erfolge die führenden britischen Politiker etwas abgelenkt gewesen. Die Gefahr, „daß England [...] den endgültigen Abschluß im letzten Augenblick durch Angebote erschwert" [28], wäre auf solche Weise erheblich verringert worden.

Indes entwickelte sich die Lage nicht nach Hitlers Absichten. Henderson flog erst am 26. August nach London, was allein schon Hitlers Kalkül gegenstandslos gemacht hätte. Doch blieb das bedeutungslos, da der „Führer" den ersten Angriffsbefehl noch am 25. August, um 19.30 Uhr abends, wieder aufhob. Nachdem er mit Coulondre gesprochen hatte, geschah dreierlei: Erstens wurde bekannt, daß Großbritannien und Polen den seit langem angekündigten Beistandspakt jetzt tatsächlich abgeschlossen hatten. Zweitens erreichte Hitler kurz nach 18 Uhr ein Schreiben Mussolinis, in dem der „Duce" definitiv wissen ließ, daß Italien, obwohl mit dem Herzen auf Seiten Deutschlands, auf Grund seiner militärischen Schwäche bedauerlicherweise neutral bleiben müsse. Drittens wurde Hitler vom Oberbefehlshaber des Heeres, Walther von Brauchitsch, in einem Gespräch zwischen 19.00 und 19.30 Uhr unterrichtet, der Aufmarsch der deutschen Streitkräfte werde noch einige Tage in Anspruch nehmen[29]. Der Brief Mussolinis löste sofortige und dann tagelang anhaltende Versuche der Berliner Führung aus, die Italiener doch noch zum Kriegseintritt zu bewegen. Den Ausschlag gab aber wohl das Votum Brauchitschs. Die militärischen Vorbereitungen wurden denn auch mit größter Intensität und Eile fortgesetzt, zumal ein optimaler Aufmarsch, namentlich im Westen, um so wichtiger erschien, als ein dem Krieg vorerst fernbleibendes Italien weniger Streitkräfte der Westmächte fesselte.

Der britisch-polnische Vertrag spielte hingegen keine Rolle. Hitlers Haltung gegenüber England und Frankreich änderte sich nicht um ein Jota. Nachdem es gelungen war, den geradezu vermittlungs-

---

[28] Halder, Kriegstagebuch, Bd. 1, S. 11.
[29] Vgl. Nikolaus von Vormann, Der Feldzug 1939 in Polen, Weißenburg 1958, S. 44; zum Gesamtzusammenhang vgl. auch Rohde, Hitlers erster „Blitzkrieg", in: Maier u. a., DRZW, Bd. 2, passim.

süchtigen Henderson aus Berlin zu entfernen, belästigte Hitler London weder mit geschickten noch mit ungeschickten Beeinflussungsversuchen. Die Rücknahme des ersten Angriffsbefehls hätte ja in der Tat Zeit für diplomatische Schritte beschert. Was aber taten Hitler und Ribbentrop am 26., am 27. und dem größten Teil des 28. August? Hinsichtlich Englands taten sie nichts, buchstäblich nichts[30]. Frankreich gegenüber war diese Passivität nicht ganz durchzuhalten, weil Daladier am 26. abends einen bewegenden Friedensappell – von Frontsoldat zu Frontsoldat – an Hitler richtete, der nicht unbeantwortet bleiben konnte. Doch Hitlers Erwiderung vom 27. enthielt lediglich Platitüden über Deutschlands Verzicht auf Elsaß-Lothringen und über – gar nicht existierende – „mazedonische" Zustände an Deutschlands Ostgrenze. Das Angebot des französischen Ministerpräsidenten, zwischen Berlin und Warschau zu vermitteln, lehnte er glatt ab, und er verband die Ablehnung überdies mit einer Erhöhung seiner Forderungen: Erstmals verlangte er neben Danzig ganz Westpreußen[31]. Bis zum 1. September blieb das die einzige Kommunikation zwischen Berlin und Paris. Hitler handelte so, als ob es Frankreich nicht gäbe. Selbst einen Vermittlungsvorschlag Mussolinis wiesen Hitler und Ribbentrop am 27. August brüsk zurück.

Die Entschlossenheit, ohne Rücksicht auf die Westmächte zu handeln, zeigte sich abermals, als Hitler nach dreitägiger Pause erneut auf einen britischen Schritt zu reagieren hatte. Am Abend des 28. August überbrachte Henderson die Antwort seiner Regierung auf das sogenannte „Angebot" des „Führers" vom 25. August. Die Ankündigung Hitlers, nach der Niederwerfung Polens das britische Empire „garantieren" zu wollen, wurde darin mit höflichem Schweigen übergangen. Dagegen begrüßte Chamberlain die vor drei Tagen ausgesprochene deutsche Bereitschaft zur Verbesserung der deutsch-britischen Beziehungen. Allerdings, so fügte er hinzu, könnten die Probleme zwischen London und Berlin erst behandelt werden, wenn der deutsch-polnische Konflikt beigelegt sei, und zwar mit friedlichen Mitteln. Der einzige Weg dazu seien direkte deutsch-polnische Gespräche, bei denen die vitalen Interessen Polens gewahrt werden und deren Ergebnisse durch eine internationale Garantie gesichert werden müßten; die definitive Zusage

---

[30] Die Gespräche, die in jenen Tagen ein schwedischer Geschäftsmann, Birger Dahlerus, in London und Berlin führte, um zwischen England und Deutschland zu vermitteln, waren für den Gang der Dinge ohne Bedeutung, wenn sie auch von Dahlerus gut gemeint waren.
[31] Vgl. ADAP, Serie D, Bd. VII, Nr. 354.

der polnischen Regierung zu solchen Gesprächen liege bereits vor[32].

Hier, so dachte Hitler wohl, drohte sie sich wieder zu öffnen, die „Münchner Falle", und sofort blockte er ab. Noch in der Unterredung mit Henderson erhöhte er zur Abschreckung der Londoner Vermittler und zur Dämpfung der polnischen Verhandlungsbereitschaft erneut seine Forderungen: neben Danzig und Westpreußen nannte er jetzt auch noch Territorien in Oberschlesien. Danach ließ er sich – in einer Krise, in der nach seinen eigenen Worten jede Stunde kostbar war, weil die „polnischen Bestien" laufend wehrlose Deutsche mißhandelten und ermordeten – einen vollen Tag Zeit, ehe er sich wieder bewegte, und zwar in einer Weise, die allein zu einer Taktik der Vermittlungsvermeidung paßte. Als er am Abend des 28. August Henderson abermals empfing, konfrontierte er den britischen Botschafter mit einem Ultimatum, das sowohl an die britische wie an die polnische Adresse gerichtet war. Zwar erklärte er sich mit direkten deutsch-polnischen Gesprächen einverstanden, knüpfte aber diese rein prozedurale „Konzession" an eine unerfüllbare Bedingung: Die britische Regierung habe dafür zu sorgen, daß sich schon am 30. August ein polnischer Emissär in Berlin einfinde, der zur Unterzeichnung einer deutsch-polnischen Vereinbarung ermächtigt sei[33]. Das Ansinnen erinnerte fatal an die Morgenstunden des 15. März 1939, als Hitler den nach Berlin gekommenen tschechoslowakischen Staatspräsidenten Emil Hacha mit der Androhung militärischer Gewalt nötigte, die Tschechoslowakei nationalsozialistischer Herrschaft auszuliefern. Gleichwohl und trotz des ultimativen Charakters der Forderung Hitlers gab die britische Regierung die Sache des Friedens noch nicht gänzlich verloren. In der Nacht vom 29. auf den 30. ließ sie dem „Führer" mehrmals bestellen, daß die Dinge in Warschau gut stünden, es aber technisch unmöglich sei, einen polnischen Unterhändler noch am 30. August zu liefern[34]. Hitler und Ribbentrop würdigten diese Appelle nicht einmal einer Antwort.

Am 30. August um Mitternacht bekräftigte Ribbentrop den ultimativen Charakter des Hitlerschen Verlangens vom 29., indem er Sir Nevile Henderson die Forderungen vorlas, die das Deutsche Reich an Polen gestellt hätte, wenn im Laufe des Tages ein polnischer Unterhändler gekommen wäre; danach erklärte der Außen-

---

[32] Vgl. DBFP 1919–1939, Third Series, Bd. VII, Nr. 447; zum folgenden vgl. ebenda, Nr. 450 und Nr. 455.
[33] Vgl. ADAP, Serie D, Bd. VII, Nr. 421.
[34] Vgl. DBFP 1919–1939, Third Series, Bd. VII, Nr. 504; zum folgenden vgl. ebenda, Nr. 574.

minister, der Katalog sei nun hinfällig, eben weil kein Pole gekommen sei. Er verweigerte Henderson eine schriftliche Fassung des Katalogs, der denn auch, offensichtlich allein für den innerdeutschen Konsum bestimmt, bis zum Beginn des deutschen Einmarschs in Polen weder den Regierungen der Westmächte noch der polnischen Regierung je offiziell zur Kenntnis gebracht wurde. Indes wäre das ohnehin bedeutungslos gewesen. Gleich nach der Unterredung Ribbentrop-Henderson, um 0.30 Uhr am 31. August, gab Hitler den zweiten Angriffsbefehl für den Morgen des 1. September; dieser Befehl war schon aus Prestigegründen nicht mehr zurückzunehmen, doch verriet Hitler auch nicht die geringste Bereitschaft, bei veränderten politisch-diplomatischen Umständen noch einmal zu widerrufen.

Hitler reagierte also in den dramatischen Monaten, Wochen und schließlich Tagen der Polenkrise nur widerwillig und ausweichend auf britisch-französische Friedensappelle und Vermittlungen. Versuche, die Westmächte von Polen zu trennen, sind von ihm nicht unternommen worden. Vielmehr hat er bei seinem Angriff auf Polen den Kriegseintritt der Westmächte riskiert, ja erwartet und im Bewußtsein momentaner Überlegenheit kalten Blutes einkalkuliert[35]. Vom Bündnis mit England bis zum Krieg gegen England hatte er einen langen und bis 1938 keineswegs vorhergesehenen, jedoch angesichts der Unaufgebbarkeit seiner expansionistischen Ziele logischen Weg zurückgelegt. Die Vorstellung von einer globalen Herrschaftsteilung zwischen dem Deutschen Reich und dem Empire der Briten blieb freilich lebendig, auch wenn er zu der Überzeugung gekommen war, die Briten müßten mit militärischen Mitteln vom Kontinent vertrieben werden. Noch im September 1941, als Hitler, den Sieg über die Sowjetunion schon in der Tasche zu haben glaubte, notierte Goebbels: „Die Bedingungen, unter denen der Führer zu einem Frieden mit England bereit wäre, sind dieselben wie früher: England muß aus Europa verschwinden; der Führer ist bereit, England sein Weltreich zu lassen."[36]

---

[35] So sagte er am 24.8.1939 zu Goebbels (Tagebücher, Teil I, Bd. 7, S. 74): „Jedenfalls sind wir auch auf einen Angriff im Westen gefasst." Bereits am 22.8. hatte er den Militärs gesagt (ADAP, Serie D, Bd. VII, Nr. 193), daß mit Gegenzügen Englands und Frankreichs zu rechnen sei; aber man müsse durchhalten. Generalstabschef Halder (Kriegstagebuch, Bd. 1, S. 47f.) notierte am 31.8.1939, Hitler halte den Kriegseintritt der Westmächte für unvermeidlich: „Trotzdem Führerentschluß zum Angriff." Die Schilderung Paul Schmidts (Statist auf diplomatischer Bühne, S. 484), Hitler sei am 3.9.1939 konsterniert gewesen, als der Kriegseintritt Englands klar wurde, ist also bestenfalls die Dramatisierung einer nicht recht erfaßten Szene.
[36] Goebbels, Tagebücher, Teil II, Bd. 1, S. 486.

Abkürzungen

ADAP	Akten zur deutschen auswärtigen Politik
ASMAE	Archivio Storico del Ministero degli Affari Esteri, Rom
Bd., Bde.	Band, Bände
DBFP	Documents on British Foreign Policy
Dems.	Demselben
DNSAP	Deutsche Nationalsozialistische Arbeiterpartei
DRZW	Das Deutsche Reich und der Zweite Weltkrieg
H.	Heft
Hrsg., hrsg.	Herausgeber, herausgegeben
IfZ	Institut für Zeitgeschichte
NS	Nationalsozialismus, nationalsozialistisch
NSDAP	Nationalsozialistische Deutsche Arbeiterpartei
o.J.	ohne Jahr
PA/AA	Politisches Archiv des Auswärtigen Amts
SA	Sturmabteilung
SdP	Sudetendeutsche Partei
SPD	Sozialdemokratische Partei Deutschlands
SS	Schutzstaffel
UdSSR	Union der Sozialistischen Sowjetrepubliken
US(A)	United States (of America)
VfZ	Vierteljahrshefte für Zeitgeschichte
ZfG	Zeitschrift für Geschichtswissenschaft

Der Autor

Dr. h.c. Hermann Graml (1928), ehem. wissenschaftlicher Mitarbeiter am Institut für Zeitgeschichte München – Berlin und langjähriger Chefredakteur der Vierteljahrshefte für Zeitgeschichte.

www.ingramcontent.com/pod-product-compliance
Lightning Source LLC
Chambersburg PA
CBHW061943220426
43662CB00012B/2009